吉林省社会科学基金项目（2011B036）

吉林大学基本科研业务费项目（2011ZZ037）　　　资助

吉林省教育科学"十二五"规划课题项目（ZZ1101）

公司治理与公司绩效关系研究

蔡玉程/著

经济科学出版社

图书在版编目（CIP）数据

公司治理与公司绩效关系研究/蔡玉程著. —北京：
经济科学出版社，2014.9
ISBN 978 - 7 - 5141 - 5049 - 0

Ⅰ.①公…　Ⅱ.①蔡…　Ⅲ.①上市公司 - 企业管理 -
研究 - 中国　Ⅳ.①F279.246

中国版本图书馆 CIP 数据核字（2014）第 227959 号

责任编辑：杜　鹏
责任校对：隗立娜
责任印制：邱　天

公司治理与公司绩效关系研究

蔡玉程/著

经济科学出版社出版、发行　新华书店经销

社址：北京市海淀区阜成路甲 28 号　邮编：100142

总编部电话：010 - 88191217　发行部电话：010 - 88191522

网址：www. esp. com. cn

电子邮件：esp@ esp. com. cn

天猫网店：经济科学出版社旗舰店

网址：http://jjkxcbs. tmall. com

北京万友印刷有限公司印装

880 × 1230　32 开　5.25 印张　180000 字

2014 年 9 月第 1 版　2014 年 9 月第 1 次印刷

ISBN 978 - 7 - 5141 - 5049 - 0　定价：29.00 元

（图书出现印装问题，本社负责调换。电话：010 - 88191502）

（版权所有　翻印必究）

前　　言

公司治理与公司绩效的相关研究是公司治理研究领域的一个前沿问题，国内外现有研究有诸多不足，如对公司治理与公司绩效的传导机制缺乏深入的研究，对与公司绩效密切相关的公司治理有效性的问题缺乏系统的分析。鉴于公司治理与公司绩效相关性研究的不足，本书将从理论分析与实证研究的层面对两者的关系问题作进一步的探讨。

为了把握好理论研究的脉络和重点，本书对公司治理理论的发展和演变、公司治理与公司绩效的关系研究、公司治理与管理的关系研究三个方面进行了回顾和评述。

在接下来的分析部分，首先，本书分析了公司治理对公司绩效的传导机制。一个公司契约的履行需要依靠公司治理与公司管理两个方面来完成。在治理与管理的研究上，目前的现状基本上是单方面研究，对治理与管理的关联研究被主流理论所忽视。公司治理不会直接创造绩效，它要通过管理间接作用于绩效。公司治理与公司管理的关系，一方面表现在公司治理对公司管理的影响上；另一方面表现在公司管理对公司治理的反作用上。公司治理对公司管理的影响表现在对战略决策、高层管理人员、管理创新、企业文化、组织设计与变革及管理控制等方面的影响上。公司管理对公司治理也有多个层面的反作用。在阐释了公司治理与公司管理关系的基础上，本书分析了公司治理、公司管理与公司绩效间的传导问题，认为公司管理是公司治理对公司绩效的传导中介。公司治理处于企业高层，不直接创造绩效，但它可以通过各种治理机制对管理施加影响，即通过管理间接作用于绩效。本书给出了公司治理对公司管理及公司绩效影响的逻辑关系模型，该模型表明了公司治理、公司管理与公司绩效间的关系。随后，分析了公司治理与公司管理的有机整合问题，给出了公司治理与公司管理的系统整合模型。在整合模型中，公司治理与公司管理被有机地整合在一起。

其次，本书对公司治理的有效性进行了分析。本书对公司治理有效性的内涵提出了新观点，对公司治理有效性作了扩展性界定，认为公司治理有效性是指公司治理在实现公司的目标方面是有效的，公司治理的内部结构是有效的，公司治理对管理的传导是有效的。本书对公司治理有效性的标准提出了自己的看法。本书从剩余索取权与控制权对应的程度、公司治理与管理的整合程度等方面尽可能完整地给出了公司治理有效性的标准。本书还探讨了公司治理有效性的实现问题。本书是围绕公司治理构成因素有效性的实现展开的。资本结构、股权结构通过影响公司治理机制发挥其效能。不同的股权结构对公司治理中的激励机制、收购机制、代理权争夺机制及监督机制等影响的效果不同，确定什么样的股权结构需要权衡各方面的利弊作出。一般情况下，提高资本结构中的债权融资份额对发挥公司治理中的激励机制、约束机制与监督机制是有利的，但随着债务代理成本的加大，可能会打破良好的公司治理均衡，抵消掉部分正向治理传导效应，甚至使治理传导效应变为负值。董事会通过恰当地确定其结构、规模及领导权结构来发挥效能。经理人激励与公司绩效的关系最为直接，要实现经理机制的有效性，必须合理设定经理人的业绩目标、经理人业绩的评价方法、激励的原则，并合理安排报酬的数量和结构。

再次，本书对我国上市公司治理的有效性与公司绩效的关系进行了实证分析。实证分析的目的是对我国上市公司治理的有效性做出客观的评价，以此为我国公司治理改革提供借鉴。本书先提出了实证研究的假定，假定的范围涉及资本结构、股权结构、董事会、监事会与经理激励等有效性方面的重要指标。实证研究的样本选自沪深股市的上市公司。本书采用总资产收益率（ROA）和托宾 Q 值（Tobin'Q）作为被解释变量。本书的解释变量选取了股权集中度、经理层持股、董事会规模等指标。在样本与变量选取之后，进行了描述性分析和多元回归分析。描述性分析主要是为了说明变量在样本中的分布情况；多元回归分析用来阐述解释变量对被解释变量的影响。

最后，本书探讨了以治理有效性为导向的我国上市公司治理的优化问题。在探讨我国上市公司治理的优化之前，为进一步对具体的优化路径提供借鉴，本书以成熟市场经济国家的两种典型治理模式为例，对公司治理有效性进行了国际比较。要提升公司治理有效性，就要对构成公司治理体系的各组成部分进行优化。本书主要从以下五个方面探讨了我国上市公司治理的优化问题：第一，调整公司资本结构、改善债权治理。这方面的任务可以通过调整上市公司资本结构中的债务比重、拓宽融资渠道、强化债权人相机性控制等工作来完成。第二，改善公司的股权结构。这方面的任务需要采取减持国有股的比例、建立多个大股东相互制衡的适度集中型的股权结构等措施来完成。第三，强化董事会治理。强化董事会治理需要通过合理确定董事会的规模和结构、实现董事长与总经理的适当分离等措施来配合。第四，加强对经理人的激励约束。应通过制定合理的经理绩效评价体系与制定一套行之有效的经理人报酬方案两方面来做好对经理人的激励。第五，加强公司治理与管理方面的整合。公司治理与管理方面的整合重点应放在战略管理、企业组织及控制等方面。

本书为公司治理与公司绩效的关系问题研究提供了有益的分析思路，书中的观点与实证结论为我国的公司治理改革提供了借鉴，这些是本书的研究意义所在。

作者
2014 年 7 月

目　　录

第 1 章

绪　　论

1.1　研究问题的提出

公司治理（corporate governance）这一术语在 20 世纪 80 年代才正式出现在英文文献中，虽然研究历史不长，但它已成为学术界、企业界和政府关注的一个焦点。

100 多年来，以公司制为核心的现代企业制度已经成为全世界居主导地位的企业组织形式。现代公司制度的重要特点就是企业所有权与控制权的分离，控制权由所有者转移到了管理者手中，而管理者的利益经常偏离股东的利益，这给企业提出了治理的问题。公司治理是现代企业发展的产物。公司治理从本质上讲，就是在所有权与经营权分离的条件下，如何在所有者与经营者之间建立权利、责任和利益的制衡机制，也就是说，所有者如何有效地对经营者进行激励和约束，保证公司控制权与剩余索取权的合理配置，从而使公司资产得到妥善经营，以提高公司绩效，增强公司价值，实现公司股东及相关利益者利益最大化的目标。

20 世纪 80 年代公司治理一词一经出现，立即受到了经济学家们的关注。当时的情况是，日本和德国公司的竞争威胁使美国企业产生了恐慌，有人分析说美国工业竞争力的衰退是由于公司管理层的"短期行为"（short-termism），管理层容易受到股票市场信号的持续压力，故在很多情况下他们将精力集中在短期业绩上，并且牺牲了企业长期利益和竞争能力，而日本和德国的公司则通过银行导向的公司治理避开了这种压力。然而，在90年代中期，形势发生了逆转，亚洲金融危机的发生使以德、日公司为代表的内部控制主导型的公司治理模式被认为过时了，以英、美公司为代表的外部控制主导型的公司治理又重新受到了重视。此后，2002年以"安然事件"为代表的美国公司丑闻的发生，标志着英、美公司治理体系的再次危机。

严重的公司治理问题在不同国家、不同公司治理模式的企业中出现，充分说明了公司治理问题的复杂性和完善公司治理任务的艰巨性，也正因为此，公司治理受到了学术界、企业界及政府的关注。近20年来，公司治理是西方企业研究领域最为活跃的研究方向之一，无论是在公司治理基础理论上，还是在公司治理的组织和机制上，都取得了很多研究成果。在实践中，西方政府和企业也在积极地探索公司治理方面的改革。

在我国，公司治理的探讨是从20世纪90年代开始的。1993年，党的十四届三中全会将建立现代企业制度确立为国有企业的改革方向。1999年9月，党的十五届四中全会《关于国有企业改革和发展若干重大问题的决定》指出："公司法人治理结构是公司制的核心。要明确股东会、董事会、监事会和经理层的职责，形成各负其责、协调运转、有效制衡的公司法人治理结构。所有者对企业拥有最终控制权。董事会要维护出资人权益，对股东会负责。董事会对公司的发展目标和重大经营活动作出决策，聘任经营者，并对经营者的业绩进行考核和评价。"2003年10月，党的十六届三中全会《决定》首次把完善公司治理作为深化国有企业改革的首要举措。在学术界，吴敬琏等在《大中型企业改革：建立现代企业制度》一书中首次提到了"法人治理结构"的概念。1994年8月，国家经贸委与中国经济改革的总体设计课题组在北京举办的题为"中国经济体制的下一步改革"的研讨会上，青木昌彦（M. Aoki）和钱颖一发表了《对内部人控制的控制：转轨经济中的公司治理结构的若干问题》和《中国的公司治理结构改革和融资改革》两篇论文，在中国企业改革的理论分析中第一次引入了"公司治理结构"的概念框架。在此之后，我国学者就公司治理问题发表了大量文献，但基本处于对西方理论的引进及用国外理论解释中国现象的阶段。在实践中，伴随着中国证券市场 10 多年的发展，由公司治理引发的企业与证券市场危机不断发生，"琼民源"、"银广夏"、"德隆"、"三九"等事件的背后都隐藏着深层次的公司治理问题。

无论是国内的公司治理，还是国外的公司治理，其最终的效果都会体现在公司的绩效上。不完善的法人治理结构、扭曲的公司治理机制会极大地影响企业的经营绩效。我们知道，企业存在的根本目的在于财富的创造，企业财富的积累来源于企业的良好绩效。公司治理作为企业内部与管理并行的重要系统，必须服务于企业创造财富的目的，这种功能的发挥要落实到它对公司绩效的影响上。建立对公司绩效产生良性影响的公司治理体系，可以为企业持续稳定的发展输入优秀的基因，可以为国民经济健康运行奠定重要的微观基础。只有通过公司治理使企业绩效获得保障，投资者及其他利益相关者的利益才具有得以实现的基础。

公司治理对绩效的影响具有隐蔽性①。公司治理与公司绩效的相关研究是公司治理研究领域的一个前沿问题，国内外现有研究存在许多不足，这些不足主要体现在以下方面：其一是在对公司治理与公司绩效关系的解释上，理论的说服力不够。现有的理论研究缺乏系统性，在对公司绩效的解释上，大多关注单一因素，忽视了其

---

① 公司治理对公司绩效的影响不是直接的，而是间接的，这给人们对两者关系的认识带来了困难。

他因素的影响，脱离了实际。另外，我国学者在对公司治理与公司绩效关系的解释上存在照搬西方的现象，忽视对现实问题的深入理论探讨，许多研究流于形式。其二是在公司治理与公司绩效关系的实证分析方面，由于选取样本和指标等方面的问题，我国学者得到的结论有一些分歧，这会产生理论与实践方面的困惑。其三是在公司治理对公司绩效的传导机制方面缺乏深入的研究。其四是对公司治理有效性的问题缺乏深入的探讨。

鉴于公司治理与公司绩效两者相关性研究的不足，本书将对公司治理与公司绩效的关系问题作进一步的探讨，从理论分析与实证研究的层面对该问题给予更深入、更全面的回答。

1.2 研究对象与研究意义

本书以公司治理与公司绩效的关系为研究对象，从公司治理对公司绩效的传导机制与公司治理有效性等方面探讨公司治理对公司绩效的影响问题。

公司治理的理论性和实践性很强，研究它涉及经济学、法学、管理学、行为科学及哲学等学科，具体的实际操作又涉及制度、文化、行业及企业特殊的发展阶段等不同的情景，公司治理的研究内容丰富且深邃复杂。在我国，公司治理虽得到了广泛关注，但研究却不是十分深入，大致局限在引入西方理论来解释中国现象阶段，对公司治理的概念、性质、功能、研究方法、范畴界定等方面还未达成共识，当然更缺乏理论方面的创新。

关于公司治理与公司绩效关系的研究中的不足，在前文中已有叙述。为了弥补相关研究的缺陷，本书拟对公司治理与公司绩效关系的一些方面作理论上的探讨与实证方面的分析，并提出相应的对策建议。

本书的理论意义在于：把公司治理作为企业系统的一个内生变量，探讨其对企业运行结果——公司绩效的影响；系统考虑公司治理的各主要因素对公司治理绩效的影响；深度阐释公司治理对公司绩效的传导机理，为公司治理找到影响公司绩效更确切的依据；重新界定公司治理有效性的概念，提出公司治理有效性的标准，构建公司治理有效性的指标体系；在以上分析的基础上，提出我国上市公司治理有效性与公司绩效关系的研究假定，并利用我国上市公司的数据对所设假定进行实证分析；在经济学的研究框架中，引入管理学的分析方法，拓展公司治理的研究领域；以治理有效性为导向提出优化我国上市公司治理的路径。

本书的实践意义在于：通过公司治理对公司绩效传导机制的阐释，可以使企业的所有者、经营者及其他利益相关者有意识地加强沟通与合作，共同为企业持续发展发挥各自的作用，实现多边的共赢。通过公司治理有效性的分析，为我国公司治理改革提供借鉴。

国家的发展及企业的进步需要公司治理实践方面的变革和创新，而这种变革和创新又离不开理论的先导，本书力求在公司治理与公司绩效关系的研究方面做一些有益的工作，以此为丰富治理理论体系和改善我国公司治理绩效服务。

1.3 基本假设与研究方法

任何形式的理论研究都是在一定的前提下进行的，在前提条件不清晰的情况下，研究所涉及的概念和内容将会出现逻辑与语义上的混淆。本书主要提出以下五个基本假定。

1. 机会主义行为假定。机会主义行为是指，只要有机会人们就会为自己谋取更多的利益。机会主义是新制度经济学重要的行为假定之一。威廉姆森（Williamson）是机会主义行为假定的提出者，他认为，人的动因天然是机会主义，这是人们为实现目标而寻求自我利益的深层次的条件。威廉姆森是这样解释机会主义概念的，他认为，人们有隐藏自己的偏好、偷懒、欺诈、逃避责任而增加个人效用的意图，如果环境允许，这种意图便会转化为现实的行动。机会主义行为假定实际上是对新古典经济理性人假定的自然延伸，他深化了人们对新古典经济理性人的认识。

2. 信息不对称与信息不完全假定。信息不对称与信息不完全是信息经济学的两个基本假定。信息不对称是指交易双方的信息不是对称的，这种不对称又分为事前（ex ante）不对称和事后（ex post）不对称两类。事前不对称信息是指签约之前存在的不对称信息，又称为隐藏信息（hidden information），它可导致逆向选择（adverse selection）问题。事后不对称是指交易已经发生、合约签订之后发生的不对称信息，又称为隐藏行动（hidden action），它可导致道德风险问题（moral hazard）。信息不完全是指人们（包括企业）获得的信息都是不完全的。能否全面、准确地获得信息是企业进行正确决策的关键，同时也决定了交易双方在博弈中所处的地位、优势及交易成本的大小。

3. 契约不完全假定。不完全契约理论认为，在现实交易中制定的契约是不完全的①。威廉姆森和哈特（Hart）等经济学家注意到，由于某种程度的有限理性或者交易费用，使得现实中的契约是不完全的（incomplete）。以下三类成本是不完全契约的成因：一是预见成本，环境的不确定性及当事人的有限理性导致要在签约时预测到所有可能出现的状态几乎是不可能的；二是缔约成本，即使能够预测，当事人双方达成彼此没有语言争议的契约也很困难，即使能达成也会付出很高的成本；三是证实成本，即使当事人之间信息是对称的，但对第三方是不可证实的或需要太高的证实成本。与完全契

---

① 哈特认为，代理问题与契约不完全使公司治理结构变得至关重要。

约不同，不完全契约在事前不能规定各种可能出现的状态下当事人
的权利和责任，而需在自然状态发生后通过再谈判（renegotiation）
来解决，其重心在于对事前的权利进行机制设计或制度安排。明确
将企业定义为不完全契约的是格罗斯曼（Grossman）和哈特。

4. 路径依赖性假定。按照诺斯（North）的说法，在交易成本
为零的情况下，制度可以任意形成，没有路径依赖性。但现实世界
的情况是交易成本不为零，交易成本的存在使制度的形成和发展具
有路径依赖性（path-dependency）。路径依赖是指一个具有正反馈
机制的体系，一旦在外部偶然事件的影响下被系统采纳，便会沿着
一定的路径发展演进，而很难被其他潜在的甚至更优的体系所取
代。路径依赖理论最早是生物学家提出用于描述生物演进路径的。
后来 David 和 Arthur 等将该理论应用于技术变迁的路径分析，诺斯
将其应用到制度变迁中。在制度变迁的分析中，诺斯指出，一旦一
条发展路线沿着一条具体进程前进时，系统的外部性、组织的学习
以及历史上关于这些问题派生出的主观主义模型就会增强这一进
程。沿着已形成的路径，经济发展既可能步入良性循环，加速优
化，也可能被锁定在某种无效率的状态，被锁定之后，要脱离这种
状态十分困难。路径依赖理论能较好地解释在制度变迁过程中不同
国家、不同地区制度变迁的差异。路径依赖性由大的构成成本、学
习效应、协调效应与预期效应等四种机制来维持。

从路径依赖的视角考察公司治理有助于我们理解各国公司治理
演进的差异性。

5. 有限理性假定。有限理性理论的代表赫伯特·西蒙（H. A.
Simon）批判了传统理性观，传统理性观假定决策者所掌握的信息是
完全的，知道可供选择的全部备选方案，也清楚各方案的可能结
果。西蒙在他的分析中引入了不完全信息、信息处理费用及一些非
传统的决策者目标函数，他认为，决策者不具有进行决策的完备信
息，不能知道与决策相关的所有备选方案，同时也不知道方案的可

能结果。诺斯从两个方面理解有限理性：一是人们面临的是一个复杂而不确定的世界，在非个人交换形式中，交易的增多伴随着不确定性的扩大，信息也越来越不完全；二是人不可能知道一切，人对环境的计算能力和认识能力是有限的。

公司治理与公司绩效是一个内容复杂、涉及面广的综合性问题，须借助多种研究方法加以分析。本书拟采用如下分析方法：一是实证分析与规范分析相结合的方法。通过统计经验实证，对搜集到的相关样本数据进行统计分析，发现和验证公司治理与公司绩效间的内在联系。在规范分析中，主要是依据经济学理论及相关的实证结论对相关事项进行谨慎的价值判断，如本书通过规范的分析方法提出优化我国上市公司治理的建议。二是定性分析与定量分析相结合的方法。在理论体系的抽象和构建方面，主要是通过定性分析进行的。对我国上市公司治理有效性与公司绩效相关性检验方面则是通过收集大量的公司样本数据，运用统计分析的方法进行的。三是制度分析方法。不同的公司治理模式代表着不同的制度安排。不同的制度安排会带来不同的成本和收益。通过制度分析的方法，找到成本收益比最优的公司治理方案是本书研究的一项重要的工作。四是比较分析方法。本书对国际上不同的公司治理模式的有效性进行对比，通过比较，试图分析出它们在其所处不同环境下对公司绩效的影响，以此为我国公司治理改革提供借鉴。

1.4 思维逻辑与篇章结构

本书分析的问题是公司治理与公司绩效的关系，为了把问题阐述清楚，按这样的思维逻辑展开论述：第一，对相关文献进行回顾，经归纳分析、比较鉴别，清楚别人已完成的工作及自己应进一步开展研究的领域，以此作为研究的起点。第二，研究公司治理与公司绩效的传导机制，这方面需要对公司治理、公司管理与公司绩效之间的关系进行深入的探讨，以明确公司治理对公司绩效的内在传导过程。第三，研究公司治理有效性的问题，它是从公司治理方面解决公司绩效问题的必经之路。在公司治理对公司绩效传导机制分析的基础上，对公司治理有效性重新进行界定，提出公司治理有效性的评价标准，分析公司治理有效性的实现问题，构建公司治理有效性的指标评价体系。第四，在前述分析的基础上，提出我国上市公司治理有效性与公司绩效关系的相关研究假定，以我国上市公司为样本对所提出的假定进行检验，并对检验结果加以分析和讨论。第五，以治理有效性为导向对我国上市公司治理优化问题提出对策建议。第六，归纳了本书结论并说明了进一步的研究方向。具体见图 1-1。

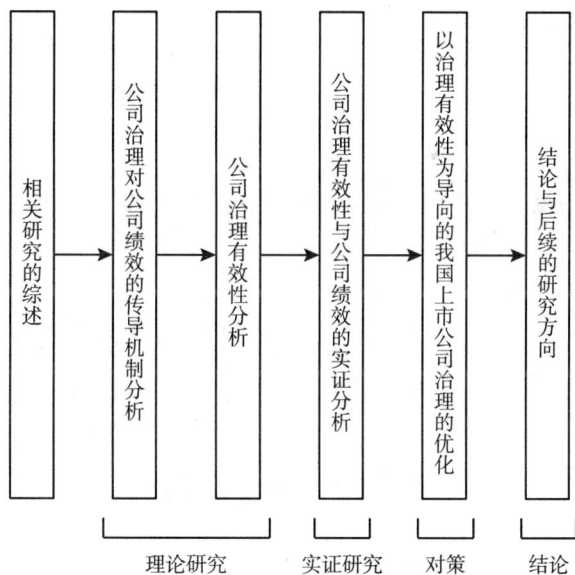

图 1-1 思维逻辑与篇章结构

根据以上思维逻辑，本书的篇章结构安排如下：

第1章"绪论"。本章主要就研究的主要问题、研究对象、研究意义、研究方法、思维逻辑、预计创新点及需要用到的重要概念进行阐述和界定。

第2章"理论回顾与评述"。本章对公司治理理论的发展和演变、公司治理与公司绩效的关系、公司治理与管理的关系等相关文献进行回顾和评述。

第3章"公司治理对公司绩效的传导机制分析"。本章分析公司治理与公司绩效的关系，公司治理、公司管理与公司绩效间的传导以及公司治理与公司管理的整合等问题。

第4章"公司治理的有效性分析"。公司治理的有效性决定了公司绩效的稳定性和成长性。本章在公司治理对公司绩效传导机制分析的基础上重新界定公司治理有效性的概念，提出公司治理有效性的评价标准，探讨公司治理有效性的实现问题，构建公司治理有效性评价指标体系。

第5章"我国上市公司治理有效性与公司绩效关系的实证分析"。本章先提出我国上市公司的治理有效性与公司绩效关系的研究假定，然后运用我国上市公司的数据对所设假定进行验证，并对检验结果进行分析和讨论。

第6章"以治理有效性为导向的我国上市公司治理的优化"。本章从资本结构、股权结构、董事会建设、经理人激励约束等方面探讨我国上市公司治理的优化问题。

1.5 创 新 之 处

本书可能的创新之处主要有以下四个方面。

1. 研究视角的创新性及其现实价值。公司治理与公司绩效之间关系的研究，是公司治理研究的一个前沿领域。根据笔者查阅到的文献，现有文献在研究公司治理与公司绩效关系时，视角绝大多数局限在公司治理中某单个变量对公司绩效的影响，缺乏以有效性为视角对公司治理与公司绩效间关系进行的系统性研究。本书以公司治理与公司绩效关系研究为选题，从治理有效性的视角对公司治理与公司绩效的关系进行系统的和深入的分析，该研究视角会使理论更加贴近实际，增强理论对现实的解释力。

2. 本书中首次明确地提出了公司治理对公司绩效的传导机制问题。笔者认为，公司治理会对公司绩效产生影响，但不是直接的影响，它要通过影响管理，间接作用于企业绩效。公司治理与管理显著相关，它们同时并存且相互交织、相互作用，共同为企业的存续和发展发挥不可或缺的作用。迄今为止，学者们分析公司治理问题时，一般仅就治理进行单方面研究，治理对管理的内在影响基本被忽略了，这种研究进行下去，公司治理问题很难得到彻底的解决。本书寻求在公司治理对公司绩效传导机制研究方面的突破，这体现在深入地分析公司治理与公司管理之间的关系，明确公司治理、公司管理与公司绩效间的传导过程，提出公司治理与公司管理的整合模型。

3. 在公司治理有效性研究方面的创新。良好的公司绩效依赖于有效的公司治理。对公司治理有效性的研究，理论界做得还不够充分，这对公司治理理论的发展及企业的实践有很大的影响，尤其是处于转轨期的我国，指出什么样的公司治理是有效的应是更为迫切的任务，它对企业绩效的取得意义重大。本书在公司治理对公司绩效传导机制的研究基础上，对公司治理有效性重新进行界定，提出公司治理有效性的评价标准，构建了公司治理有效性的评价指标体系，这些方面的努力有助于深化公司治理与公司绩效关系的研究。

4. 对于公司治理与公司绩效关系的实证研究文献，大多集中在分析反映公司治理有效性的某一特定因素与公司绩效的关系，缺乏系统分析与比较分析。本书拟运用我国深沪两市上市公司数据，综合考虑反映公司治理有效性的各主要因素与公司绩效的关系，比较各方面与公司绩效相关的程度和方向，以此作为改善我国公司治理的参考依据。

1.6 相关概念的界定

本书在论述过程中涉及一些重要的概念，应针对具体的环境对这些概念应予以界定，否则会带来语义上的混淆。

本书涉及的第一个概念是公司治理①。国内外研究文献对公司治理的概念没有形成统一的看法，下面是一些具有代表性的观点。

柯林·梅耶（Collin Mayer，1995）认为，公司治理是公司赖以代表和服务于他的投资者利益的一种组织安排。它包括从公司董事会到执行人员激励计划的一切东西……公司治理的需求随市场经济中现代股份公司所有权与控制权相分离而产生。

科克伦（Phlip L. Cochran）和沃特克（Steven L. Wartick）（1988）认为，公司治理问题包括高级管理阶层、股东、董事会和公司其他利害相关者的相互作用中产生的具体问题。构成公司治理问题的核心是：（1）谁从公司决策/高级管理层的行动中受益；（2）谁应该从公司决策/高级管理层的行动中受益，当"是什么"和"应该是什么"之间存在不一致时，一个公司的治理问题就会出现。

奥里弗·哈特（Oliver Hart）虽然没有直接给出公司治理的定义，但他提出了公司治理理论的分析框架。他认为，只有以下两个条件存在，公司治理问题就必然在一个组织中产生。第一个条件是

---

① 公司治理一词是从国外引进的用语，英文词为 corporate governance，国内学者有的将其译为"公司治理结构"，也有的将其译为"公司督导"。

代理问题，确切地说是组织成员（可能是所有者、工人或消费者）之间存在利益冲突；第二个条件是交易费用之大使代理问题不可能通过合约解决。

法马和詹森（Fama and Jensen，1983）提出，公司治理研究的是所有权与经营权分离情况下的代理人问题，其中心问题是如何降低代理成本。

施莱佛和维什尼（Shleifer and Vishny，1997）认为，公司治理要处理的是公司资金的供给者确保自己可以获得投资回报的途径问题。例如，资金供给者如何使管理者将一部分利润返还给他们，他们如何确定管理者没有侵吞他们提供的资金或将其投资在不好的项目上，资金的供给者如何控制管理者等。

布莱尔（Margaret M. Blair，1995）提出，公司治理是指有关公司控制权和剩余索取权分配的一整套法律、文化和制度性安排，这些安排决定公司的目标，谁拥有公司，如何控制公司，风险和收益如何在公司的组成人员包括股东、债权人、职工、用户、供应商以及公司所在的社区之间分配等一系列问题。

钱颖一（1995）认为，在经济学家看来，公司治理结构是一套制度安排，用于支配若干在企业中有重大利害关系的团体——投资者（股东和贷款人）、经理人员、职工之间的关系，并从这种联盟中实现经济利益。公司治理结构包括：如何配置和行使控制权；如何监督和评价董事会、经理和职工；如何设计和实施激励机制。

张维迎（1996）认为，公司治理结构的核心是在两权分离的情况下所有者对经营者的监督和激励的问题。

宋冬林等（2002）认为，公司治理就是一整套承担并发挥企业家职能的制度安排，作为现代公司企业制度中极重要的组成部分，它体现了一种更高的制度性效率。公司治理集中了现代企业制度的最大创新，或者可以说，公司治理就是现代公司企业制度的本质。他们认为，与传统的治理理论观点相比，公司治理的这一定义更具包容性，也更为深刻。传统观点将所有者和经营者的分离作为公司治理产生的前提，他们认为，两者分离更应是现代公司企业制度同时也是公司治理产生、形成的标志。在这个意义上，公司治理中的经理层不能算是完整意义的企业家，只能是承担发挥企业家职能的一部分。具体来说，公司治理制度承担、发挥企业家职能可从以下三个方面理解：第一，公司治理是一个所有权利主体之间的自主性网络，是一种互动的组织安排；第二，公司治理的形式表现为一系列权利主体之间的契约集合；第三，治理机制的本质特征就是控制，即治理主体之间权利对权利的控制。

吴敬琏（1994）认为，所谓公司治理结构，是指由所有者、董事会和高级执行人员即高级经理人员三者组成的一种组织结构。在这种结构中，上述三者之间形成一定的制衡关系。通过这一结构，所有者将自己的资产交由公司董事会托管；公司董事会是公司决策机构，拥有对高级经理人员的聘用、奖惩和解雇权；高级经理人员受雇于董事会，组成在董事会领导下的执行机构，在董事会的授权范围内经营企业。

以上国内外学者从公司治理存在的条件、所面临的基本问题、公司治理的制度构成等方面对公司治理进行了界定，虽然视角不同，但仍存在共同的看法：一是公司治理结构是对所有者、董事会和高级经理人员三者之间责、权、利的一种安排，体现为一定的制衡关系。[①] 二是公司治理有内、外两种治理。资本市场、经理人市场、产品市场等构成外部治理制；股东大会、董事会、高级经理人员之间的权力分配和议事规则及对相关人员的激励和约束构成内部治理。三是公司治理是为了解决所有权与经营权分离所形成的代理问题。

---

① 这是一种狭义的内涵，广义的公司治理结构不只局限于三者，还涉及广泛的相关者，如债权人、供应商、雇员、政府和社区等与公司有利害关系的集团。

本书中所讨论的公司治理主要针对公司的内部治理，探讨的内容分为两个部分：一是决定公司治理状态的基本因素——资本结构与股权结构；二是由股东大会、董事会与经理人等构成的内部治理。

本书中涉及的第二个概念是公司绩效。

公司绩效是指公司经营的业绩和效率，它反映公司的经营效果（苏武康，2003）。到目前为止，在相关的实证研究中主要采用两种方法衡量公司绩效：一种是财务评价法；另一种是市场评价法。

财务评价法就是用财务指标对公司绩效进行评价。当前相关实证研究主要选用的财务指标有三种：一是净资产收益率（ROE），它是税后利润与净资产的比率。二是总资产收益率（ROA），它是税后利润与总资产的比率。三是主营业务资产收益率（CROA），它是主营业务利润与总资产的比率。除此之外，还有一些其他的指标，如现金流资产收益率、销售利润率和每股收益等。净资产收益率是判断经营业绩的常用指标，上市公司利用这一指标进行盈余管理（earnings management）的现象很严重[①]。企业进行盈余管理的方式主要是通过会计方法的改变来操纵可操控的应计项目和通过安排关联交易进行。总资产报酬率也是容易被美化的指标，如税收优惠、低负债、证券投资、出售资产等都可提高总资产收益率。比较而言，主营业务资产收益率被操纵的程度小，它避免了通过非主营业务进行利润操纵的可能性。

市场评价法就是用市场价值指标对公司绩效进行评价。市场价值指标可以弥补财务指标不能反映公司现时价值或未来增值潜力的

[①] 其可能的解释是，由于证监会将净资产收益率指标（ROE）作为公司首次公开发行（IPO）、配股和进行特别处理（ST）等的考核指标，因此，目前企业对这一指标进行盈余管理的现象十分严重。

缺陷。托宾 Q 值（Tobin'Q）是在国内外得到广泛应用的市场价值指标，它是 1969 年美国经济学家托宾（James Tobin）提出的。托宾 Q 值反映的是一个企业两种不同价值估计的比值，即公司的市场价值与公司资产的重置价值的比值。分子中的价值是金融市场上所说的公司值多少钱，分母中的价值是企业的"基本价值"——重置成本。公司的金融市场价值包括公司股票的市值和债务资本的市场价值。重置成本是指今天要用多少钱才能买下所有上市公司的资产，也就是指如果我们不得不从零开始再来一遍，创建该公司需要花费多少钱。托宾 Q 值虽然应用很广，但其也有缺陷，如 Q 值的比值是综合值，没有传统指标的直观效果，不能反映公司盈利水平的提高对公司绩效带来的影响。为了弥补托宾 Q 值的缺陷，还应辅之以财务指标（如净资产收益率）来衡量公司绩效。

本书中涉及的第三个重要概念是管理，对管理概念界定清楚有助于理解公司治理与公司管理之间的关系。

对于管理，中外学者对其概念也进行了不同的阐释。下面是几种权威的观点。

法约尔（Henri Fayol，1916）第一次明确指出，管理活动是由计划、组织、指挥、协调及控制等职能为要素组成的活动过程。他认为，管理是有别于具体业务活动的独立活动。管理存在于一切有组织的人类活动之中，是一种普遍性的活动。

孔茨（1955）认为，管理是一门科学，是一种手段，是一种艺术。

罗宾斯和库尔塔（Robbins and Coultar，1996）认为，管理这一术语是指和其他人一起并且通过他人来有效地完成工作的过程。

彼得·德鲁克认为，管理是一种以绩效、责任为基础的专业职能。

西蒙认为，管理就是决策。

刘易斯等（Lewis，Goodman and Fandt，1998）指出，管理是

指有效支配和协调资源并努力实现组织目标的过程。

徐国华等（1998）指出，管理是通过计划、组织、控制、激励和领导等环节来协调人力、物力和财力资源，以期更好地达成组织目标的过程。

芮明杰认为，管理是对组织的资源进行有效整合以达成组织既定目标与责任的动态创造性活动，其核心是对现实资源的有效整合。

周三多等（2005）认为，管理是指组织为了达到个人无法实现的目标，通过各项职能活动，合理分配、协调相关资源的过程。

管理学者对管理的认识强调了以下三个方面：（1）管理是对资源的利用，尤其强调了人的因素；（2）管理是由各项职能组成的活动过程；（3）管理要达到的目的是取得更高的绩效，既追求效果又追求效率。

从比较的角度看，公司治理是关于企业的组织方式、控制机制、利益分配的契约安排，它要界定的是包括企业投资者、经营者在内的企业所有利益相关者之间的关系，它是企业所有契约中最早成立和最基础的契约。与公司治理相比，管理的内涵比较清楚，但外延不很明晰，几乎所有的管理学者都关注企业内生产率的提高，不注意企业的形成及构成利益主体之间的关系，他们隐含的观点是：这个前提对所有企业是一样的或对企业的影响不大。

除以上三个概念外，还有两个概念需要界定清楚，即治理成本与治理收益。

公司治理成本是指在一定的公司治理体系下发生的与公司治理活动相关的所有成本的总和。

公司治理成本由如下八个方面构成。

第一，交易成本。该成本是公司治理主体形成契约并履行契约义务过程中发生的成本。具体包括：信息成本、谈判与缔约成本、自愿性监督激励与履约成本。用 C_t 表示交易成本。

第二，第一类代理成本。这类代理成本由信号发送成本、甄选成本、监督成本和剩余损失构成。信号发送成本是指为显示代理人质量信号所作的支出。甄选成本是指委托人为鉴别代理人发出的信号而产生的费用。监督成本主要包括搜集公司经营状况的信息、所有者间沟通信息进行协商决策及用所作决策影响管理者等所付出的成本。剩余损失是指代理人的行动结果与委托人目标之间的差额。用 C_1 来表示第一类代理成本。

第三，第二类代理成本①。这类成本是由投资者之间的利益冲突所导致的成本。这类成本发生在控制型投资者与分散投资者之间，由于两者信息的不对称性，按照信息经济学对委托人与代理人的划分标准，掌握信息的控制型股东成为代理人，信息不知情的分散投资者成为委托人。因此，控制型投资者与分散投资者之间信息不对称引发了这类成本。用 C_2 表示第二类代理成本。

第四，治理结构构建和运行发生的成本。由股东会、董事会、监事会与经理层组成的治理结构的设置和运行也需耗费一定的成本。用 C_0 表示治理结构构建和运行发生的成本。

第五，市场治理成本。就单个公司而言，由控制权市场、产品市场、经理市场与声誉市场、债权市场所构成的市场治理体系对其治理所发生的成本的总和。用 C_m 表示市场治理成本。

第六，服从成本。该类成本是指公司为执行法律、规章、程序等所发生的成本，如聘请外部审计机构、按要求发布重要信息等都属于这类成本。这类成本应由企业负担。用 C_L 表示服从成本。

第七，政府治理成本。该类成本是指政府在公司治理方面立法与执法以及培育市场治理体系方面的成本，这方面的成本由政府支

---

① "第二类"的提法是相对于"第一类"投资者与管理者之间的代理成本而言的。

出。用 C_G 表示政府治理成本。

第八，制度摩擦成本。该类成本是公司治理正式制度与非正式制度之间不兼容或存在摩擦形成的。该类成本不是一项独立的公司治理成本，而是因制度非兼容性问题额外增加的成本。用 C_r 表示摩擦成本。

用 C_{CG} 表示公司治理总成本，通过归纳上述内容可以得到公司总治理成本函数：

$$C_{CG} = C_t + C_1 + C_2 + C_0 + C_m + C_L + C_G + C_r$$

本书中主要探讨与内部治理相关的成本。

从理论上讲，公司治理收益是指因实施公司治理而带来的企业价值的增量。公司价值可以通过股票价格来显示，但由于市场不是完全有效的，股票价格往往不能准确反映企业的价值。通常的做法是用企业绩效指标如净资产收益率、总资产收益率、主营业务收益率和托宾 Q 值等来表示企业价值。较新的尝试是用经济附加值（EVA）法来评估企业价值。

在现实环境中，公司治理要支付一定的成本，同时也相应地获得一定的收益。公司治理成本与收益的高低与公司治理机制的好坏密切相连。一个有利于公司绩效的公司治理机制的选择一定会满足这样的要求，即尽力做到治理成本最小化与治理收益最大化。公司治理机制是指解决公司治理问题的各种制度性措施与途径。在选择治理机制时一定要考虑到这种治理机制所带来的治理收益与成本的高低。进行治理机制选择的基础性工作就是比较使用不同治理机制组合的成本与收益。

在公司治理机制与治理的成本和收益之间存在一个环境变量。有时候，若把一个环境中某种治理成本低的治理机制应用到另一个环境中，相关的治理成本会高到不能接受。因此，评价一种治理机制的治理收益与成本的高低，是一个权衡的问题，应该用权变的观点并结合具体环境来判断。

　　在考虑成本与收益的时候，应先研究治理成本，因为公司治理成本的支出一定先于公司治理收益的获得。在最小化公司治理成本之前或过程中，公司治理收益是事先不能确定的，其本身要随治理成本的变化而变化。另外，这里所讲的最小化治理成本，是指尽量减少不必要的公司治理成本，因为必要的公司治理成本是应充分支出的。

第 2 章

理论回顾与评述

为了把握好本书的研究工作，本章对公司治理理论的发展和演变、公司治理与公司绩效的关系、公司治理与管理的关系等相关文献进行回顾与评述。公司治理理论文献的回顾与评述有助于从本质方面把握公司治理与公司绩效的关系；公司治理与公司绩效关系文献的回顾与评述有助于清晰研究的路线和起点；公司治理与管理关系文献的回顾与评述为公司治理与公司绩效传导机制的研究服务。

2.1 公司治理理论的发展与演变

研究公司治理问题，必须对公司治理的相关理论进行认真的归纳和梳理。这些研究成果告诉我们为什么进行公司治理或公司治理在什么条件下是重要的，以及应该从什么视角分析公司治理，基于此，我们才能了解公司治理各组成部分之间的内在联系，才能清楚按什么思路去构建和完善公司治理会更有利。本书的观点也是在这些研究成果的基础上展开的。

一、古典管家理论与公司治理

古典管家理论是在新古典经济学基础上建立的，它最早解释了两权分离。古典管家理论认为，所有者和经营者之间是一种无私的信托关系，在没有抵押与担保的情况下，所有者将企业资产委托给其信任的又有能力的经营者，自己享有全部收益和承担经营不善的全部损失。反过来，经营者忠诚履行他们的信托责任，按使企业利润最大化的原则经营管理企业。经营者的努力和结果是可以观察到的。如果他们做得不好，就会被解除信托关系，甚至被追究法律责任。古典管家理论是建立在竞争充分、完全信息、无交易费用、不存在外部效应及无个人利益冲突的假定之上的。在这些假定下，没有代理问题，企业治理无足轻重，股东主权至上，所有者与经营者的信任关系使经营者按照股东利益最大化原则经营管理企业。应当说，古典管家理论的假定是不符合现实的，不完全信息、不完全契约以及所有者与管理者之间的利益冲突的存在使其对企业治理方面存在的问题无法做出合理的解释。

二、企业的现代契约理论与公司治理

在古典管家理论之后发展起来的企业的现代契约理论，对古典管家理论的前提假定进行了修正，成为现代公司治理的理论基础。现代契约理论主要包括委托代理理论、交易成本理论、现代产权理论三个分支。

委托代理理论是由信息经济学、博弈论等理论演化来的。人的自我利益导向与信息不对称是该理论的两个前提假设。委托代理理论认为，企业是委托人与代理人之间订立的围绕风险分配所作的一系列契约安排。信息不对称是委托代理理论的核心概念，委托代理理论就是研究在信息不对称的条件下，委托人如何设计合约以减少代理人因信息不对称所引发的道德风险与逆向选择问题，进而减少代理成本。委托代理理论的两个基本观点是：在任何满足代理人参与约束及激励相容约束并使委托人预期效用最大化的激励合约中，代理人必须承担部分风险；如果代理人是一个风险中性者，而委托人是风险厌恶者，可通过使代理人承受完全风险、委托人得到固定收入的办法达到最优激励效果。

公司治理结构就是因代理问题而产生的。作为一种契约制衡机制，要求它合理处置企业中的委托代理关系，这包括对剩余索取权与控制权进行合理的分配，在不同的权利主体之间合理安排风险和激励，尽量减少因信息不对称和契约不完备而导致的交易费用。

交易成本理论侧重研究企业的存在原因及企业边界等企业与市场的关系问题。按照科斯的观点，企业之所以存在是因为它可以节约交易费用，企业与市场的分工和替代，都是由交易费用的大小决定的。企业与市场的不同在于它可以用权威代替价格进行资源配置，这可以大量节约交易成本。当市场以价格机制配置资源的成本和企业凭权威调节资源的成本相等时，企业的边界不再扩大。交易费用的存在及节省交易费用的努力是企业结构演变的唯一动力。交易成本是一个比较笼统的概念，它包括签订合同及执行合同的成本，以及违约后进行处罚的成本。

关于企业的起源与性质，威廉姆森（Williamson）从资产专用性的角度加以解释。威廉姆森认为，当专用资产的交易次数增多以后，交易双方的合作就适宜于采取企业形式，而不适宜采用市场合约。因为在企业内部违约风险被清除了。依据威廉姆森的观点，资产专用性是企业存在的重要原因。阿尔奇安（Alchian）与克莱因（Klein）等将资产专用性较强的情形视为一种特殊的垄断状态，即：当资产所有者将资产投资于特定用途以后，这一资产对交易的任何一方或双方的意义都区别于同类资产在其他方面的使用，资产的特定使用本身创造了差异。他们指出，缔约后的机会主义行为及其引致的交易费用，是纵向一体化的又一个原因。纵向一体化是指前后相继的产业或生产阶段从市场契约转变为企业内部关系的过程，这其实和企业的起源是一回事。威廉姆森认为，由于科层增加所导致的控制性损失，企业不能无限制扩张。后来，威廉姆森又解释到，如果企业最高层可以进行选择性干预，则控制损失就不会成为问题。但选择性干预是不可能的，所以企业规模不可能无限制扩大，其原因在于，企业内部不能像市场那样引入高能激励。

威廉姆森以交易为分析的基本单位，将所有交易还原为契约，但由于资产专用性、人的有限理性与机会主义的存在，所以这种契约是不完全的。他依据资产专用性、交易频率和不确定性三个维度将契约分为不同类型。不同类型的契约对应不同的治理结构。治理结构可以减少交易费用，避免由于契约不完全及事后机会主义给交易双方带来的损害。威廉姆森认为，现代公司的演化是为了处置不同性质的专用资产。董事会在本质上是保护所有者的专用性投资的治理结构，它可以约束股东与经理间所产生的准租金事后的讨价还价。股东与企业签约后，其投资就沉淀为专用化资产，这样，他们的投资处在危险之中，容易受到事后机会主义的危害。威廉姆森认为，董事会是保护专用性投资的一种重要制度工具。对于与企业相关的其他团体，如工人、经营者、供应商和客户等，因为有明示契约可以保护他们的专用性投资，因此，不需要进入董事会参与决策。

除交易成本理论外，现代产权理论是沿着科斯（1937）提出的不完全契约理论的另一个分支。该理论以经典的 GHM 模型为代表。产权理论认为，由于契约是不完全的，在契约中除了列出针对资产的特定权利外，还有事先无法规定的剩余权利，即所谓剩余控制权（residual rights control），不可缔约性越强，剩余控制权越重要。剩余控制权的事前配置是必需的，这是因为，剩余控制权的错误配置会引起负面效应。一体化理论就是建立在有效配置剩余控制权基础之上的。剩余控制权直接源于对物质资产的所有权，格罗斯曼和哈特将企业所有权定义为"剩余控制权"，人们的谈判地位及剩余分配受控制权事前安排的影响。恰当的剩余控制权配置能克服交易对方由契约不完全带来的机会主义。控制权是通过所有权实现配置的，为了达到合理的产权安排，应该把所有权安排给投资重要的一方或不可或缺的一方。

　　公司治理体现了哈特所称的剩余控制权的配置。控制权是公司治理的基础，公司治理结构是控制权的实现形式。哈特（1975）提出了公司治理理论的分析框架。他认为，以下两个方面是公司治理在一个组织中产生的条件：第一个条件是代理问题；第二个条件是交易成本之大使代理问题不能通过合约解决。在没有代理问题的情况下，每个人都会按照企业的利益与要求去工作，每个人付出的代价都可以得到直接补偿，不需要用激励机制提高效率，也不需要用治理结构来解决争端。标准的委托代理模型假定签订一份完全合约是没有费用的，但实际签约费用很大，当事人只能签订不完全合约。在合约不完全的情况下，治理结构被看做一个决策机制，而这些决策在初始合约下没有明确地设定，更确切地说，治理结构分配公司非人力资源的剩余控制。在这里，哈特将代理问题与合约的不完全性作为公司治理存在的条件和基础。

　　以上所述及的理论，是股权至上的理论，这些理论强调股东的中心地位，而管理者仅被看成是其代理人，并认为公司治理所要发挥的作用就是要设计一些机制来监督、约束、激励代理人的行为使其更好地为股东服务。体现股东至上的，除了以上理论外，还有一些其他治理观点。金融模式论认为，公司由股东所有并应按股东的利益来管理；公司的价值可以在金融市场得到体现。其理论前提是市场有效性，在有效的金融市场上，股票的价格完全由金融市场决定并合理地反映该公司的所有信息。这一理论的支持者认为，金融市场能比较有效地解决代理问题，这是因为，一个控制权市场的存在可以使价值下降的公司面临被收购的危险。市场短视论①认为，金融模式论是短视的，金融市场的压力使公司经理只关注短期利益，这样会对公司的管理产生一种经营决策上的误导，因为经理们将精力集中在短期业绩上，会牺牲企业长期利益和竞争能力。该理论对市场有效性假设进行了修正，认为证券市场上的股票价格在公司实际的潜在价值上提供的是一种粗浅的信号。市场短视论希望通过阻滞短期交易和鼓励长期持有股票等方式将经理从市场的压力中解放出来，让他们更加关注公司长远的发展。以上两种理论试图通过消除公司外部市场上的人为障碍解决公司治理的问题。需要说明的是，与股东至上相关的治理理论虽然是当前主流的理论，但其要面对这样的现实，即资本要素对企业的边际贡献率相对下降，人力资本等其他要素的地位在上升，在这种情况下，公司治理应更多关注员工、供应商等其他利益相关者的利益，而不应只局限于股东。

三、利益相关者理论②与共同治理

利益相关者理论是公司治理理论的最近发展，它将公司治理作为各契约方共同参与的治理体系。如前所述，主流的公司治理观点是股东至上的。利益相关者理论认为，现代公司是由各利益相关者组成的，他们各自承担了相应的风险。股东只是其中一员，只承担部分风险。债权人、管理者、职工等利益相关者承担了公司风险，也应分享公司所有权。并认为，公司的存在目的不是只为股东提供回报，公司也应为其他利益相关者服务，应当承担社会责任并以社会财富的最大化为自己的目标。

①　市场短视论的代表人物迈克尔·波特认为，在美国流动的资本制度下，公司股票大部分由短期持有者持有，这些人关心公司的短期盈利胜过企业的长期竞争能力。
②　利益相关者理论拓展了公司治理的外延，公司治理由仅限于以股东为基础的内部治理发展为以利益相关者为基础的内外部共同治理。

　　利益相关者理论在公司治理方面强调改变单边治理的治理模式，采用共同治理模式，主张各利益相关者对公司治理的广泛参与。它认为，不应只关注股东的权利，应把更多的权力交给包括职工、消费者、债权人等在内的利益相关者。利益相关者理论的支持者提出了一些体现他们主张的现实做法，如让职工等利益相关者进入董事会就是这些做法的一种。应当指出的是，利益相关者理论本身有其局限性，这种理论模糊了企业与市场的边界，可操作性不是很强。

2.2　公司治理与公司绩效关系研究

　　公司治理是企业整体架构中的核心部分，作为一种重要的制度与机制，它对企业绩效高低有着根本性的影响。国外关于公司治理与公司绩效关系的研究，最早可以追溯到 Berle and Means（1932），他们在《现代公司和私人产权》一书中指出，在股权分散的情况下，没有股权的公司经理与分散的小股东之间的利益冲突无法使公司的绩效达到最优。此后，国外关于公司治理与公司绩效的理论和实证研究的文献逐渐增多，并渐趋成熟，但这些研究的角度、研究的方法、研究的样本与研究的结论不一。国内相关方面的研究出现在 20 世纪 90 年代。查阅公司治理与公司绩效关系的研究文献，发现多数学者都集中研究公司治理某一特定方面对公司绩效的影响。学者们通常选取的影响公司绩效的公司治理方面的因素主要有资本结构、股权结构、董事会特征与高管激励。资本结构与股权结构是公司治理的基础，董事会是公司治理的核心，高管激励对公司绩效的影响最为直接。下面就对有关文献进行回顾。

一、资本结构与公司绩效

资本结构是指公司全部资本的构成，包括自有资本（权益资本）和债务资本的构成比例，公司的债务和权益反映的是不同方式的两种控制关系，代表了投资者对企业两种不同的治理形式。作为公司治理基础的资本结构与公司绩效之间存在着密切的逻辑联系，企业价值最大化或股东财富最大化目标的实现受资本结构合理与否的影响，资本结构中长期债务资本与权益资本构成比例的变动对企业总价值产生影响，资本结构的决策也会影响企业应付环境的能力。

经过半个世纪的研究，资本结构与公司绩效关系方面积累了丰富的理论和实证研究成果。资本结构理论史包括旧资本结构理论（1952～1977 年）和新资本结构理论（1977 年以后）两个时期（沈艺峰，1999）。资本结构理论从税收、破产成本、激励、信号、控制等方面探讨了资本结构与公司绩效的关系。

旧资本结构理论包括传统资本结构理论和现代企业资本结构理论两部分。传统资本结构理论有三种理论：净收益理论、净经营收益理论和传统理论。净收益理论认为负债融资可以降低企业的加权平均资本成本率，因此，企业的最优资本结构是全部负债；净经营收益理论认为企业负债率的变化不会影响加权平均资本成本率，企业总价值不受资本结构的影响，不存在最优资本结构的企业融资；传统理论是一种折衷理论，它介于净收益理论和净经营收益理论两个极端理论之间。该理论认为，企业权益资本收益率和负债利率在一定范围内是相对稳定的，因为适度的负债经营并不会明显地增加企业负债和权益资本的风险。但企业负债超过一定比例时，企业加权平均资本成本率就会增加，这是因为风险明显增大，企业的负债和权益资本的成本就会上升，所以企业确实存在一个可以通过财务杠杆的运用使市场价值达到最大的最优资本结构。

　　现代资本结构理论主要指由美国学者莫迪格利安尼（Modigliani）和米勒（Miller）提出的 M&M 理论，还包括米勒均衡模型、权衡理论。1958 年，莫迪格利安尼和米勒在考察了企业资本结构与企业市场价值的关系后提出了 M&M 定理，该理论认为，在企业投资决策与融资决策相互独立、资本市场有效运行、没有企业破产风险、没有公司和个人所得税等情况下，任何公司的市场价值与其资本结构无关。1963 年，莫迪格利安尼和米勒对他们的理论进行了修正，放松了 M&M 定理中无公司所得税的假设，得到了含公司税的 M&M 定理。修正后的理论认为，负债公司市场价值等于同风险等级的无负债公司市场价值与负债税盾收益之和，这意味着，公司价值随着负债的增加而增加，负债为 100% 时公司价值最大，最优的公司资本结构是 100% 负债。米勒教授于 1977 年发表论文《债务与税收》，探讨公司所得税和个人所得税同时存在时对公司价值的影响，并再次证实了 M&M 定理。米勒从个人所得税的角度解释了企业没有无限扩大负债率的原因。米勒均衡模型从市场均衡的角度再次重申了 M&M 定理的结论。米勒均衡模型也提出，对任何单个企业而言，最佳资本结构是不存在的。权衡理论是 20 世纪 70 年代企业资本结构理论的主流学派。根据修正的 M&M 理论，由于债务融资的利息抵税收益的存在，企业可以通过增加负债比例而增加其市场价值。M&M 理论以及修正的 M&M 理论都假定负债是无风险的，忽略了破产成本的存在，但现实情况是，随着负债比例的提高，公司破产的可能性及破产成本都在相应地增大。权衡理论引入破产分析，解释了修正的 M&M 理论不能解释的问题。权衡理论认为，企业最优资本结构就是在负债利息免税利益与破产成本现值之间进行权衡，负债的边际税收利益等与负债的边际破产成本现值时，公司的资本结构达到最优。

新资本结构理论①主要包括代理成本理论、排序理论、信号传递理论、控制权理论等。代理成本理论主要有两种代表性观点。詹森（Jensen）和麦克林（Meckling）（1976）认为代理成本源于两类冲突：一是股东与经理之间的利益冲突；二是股东与债权人之间的利益冲突。两类冲突可以导致股权代理成本和债务代理成本。他们认为，虽然运用负债融资可以弱化股权代理成本，但债务契约产生债务代理成本，最优的资本结构取决于股权代理成本与债务代理成本之间的均衡，股权的边际代理成本等于债务的边际代理成本是最优点。格罗斯曼（Grossman）和哈特（Hart）（1982）将债务视为一种担保机制，提出 G—H 担保模型。他们认为，经理要承担破产成本，企业破产的可能性与负债—权益比率呈正相关，资本结构决定了破产对经理约束的有效性。因此，负债融资可以看做缓和股东与经理的冲突的一种担保机制，有效利用这种担保机制可以提高企业的市场价值。经理在个人收益流量与他自己承担的代理成本之间权衡的结果导致最优资本结构。排序理论或啄食顺序理论是 Myers and Majluf（1984）提出的。排序理论引入了不对称信息的分析框架，从理论上解释了企业偏好采取内部融资，其次是无风险或低风险债券融资，最后采取发行股票融资，这样企业可以避免股票定价过低的损失，有助于解决投资决策效率低的问题。信号传递理论阐释在不对称信息下企业如何通过适当的方法向市场传递有关企业价值的信号，以此来影响投资者的决策。Ross（1977）根据其创立的模型认为，在不对称信息条件下，资本结构可以充当内部人传递企业收益状况信号的工具。由于破产的概率与企业的质量呈负相关而与负债水平呈正相关，所以外部投资者可以通过观察到的资本结构来区分企业质量的高低。Leland 和 Pyle（1977）认为，在存在信

---

① 新资本结构理论始于 20 世纪 70 年代后期，它区别于现代资本结构理论的特点是突破了 M&M 理论充分信息假设。

息不对称的情况下，企业家持股比例可以作为项目质量的信号，持股比例越大，项目质量越高。控制权理论是研究剩余控制权分配问题的理论。控制权理论主要包括两类模型：一类是控制权竞争模型；另一类是控制权转移模型。控制权竞争模型中的 Harris and Raviv 模型认为，经营者在自身控制权收益与股权收益之间进行权衡的结果形成其最优的持股比率，这种权衡也会带来企业融资结构的变化，资本结构间接决定了经营者的持股比率。企业的价值取决于控制权竞争的结果。此外，该模型中的 Israel 模型认为，在发生并购的情况下，目标企业负债的增加将使目标企业股东的收益增加，同时也会导致并购发生的可能性降低。因此，最优的资本结构是目标企业股东预期并购收益与并购发生可能性之间平衡的结果。控制权转移模型认为相机控制是最优的选择。最优的资本结构水平是，在该水平上导致企业破产清算时，能将控制权从股东转移给债权人。

　　以上是有关资本结构理论的研究综述，我们可以看到，这些理论在对资本结构与公司绩效之间关系的结论方面是不一致的。国内外学者对公司治理与公司绩效的关系也作了实证研究，得出的结论不尽相同。

　　Modigliani and Miller（1958）利用 43 家电力公司的数据（1947~1948 年）以及 42 家石油公司的数据（1953 年）进行分析，结论表明，公司价值不受资本结构的影响。

　　Titman and Wessel（1988）选用美国制造业中的 469 家上市公司数据（1972~1982 年）进行实证研究，结果表明，获利能力与负债比率间具有显著的负相关关系。

　　Frank and Grayal（2003）使用美国的非金融公司数据（1950~2000 年）进行分析，结果表明，公司绩效与账面价值负债比率呈正相关，与市场价值负债比率呈负相关。

　　陆正飞和辛宇（1998）选取了机械及运输设备业的 35 家上市

公司的数据（1996 年）进行实证分析，结果表明，企业获利能力与资本结构长期负债比率之间有显著的负相关关系。

洪锡熙和沈艺峰（2000）以沪市 221 家工业类上市公司数据（1995 ~ 1997 年）进行实证分析，结果表明，公司绩效与负债比率之间呈正相关关系。

二、股权结构与公司绩效

股权结构是指公司股权构成的类型及分布比例。股权结构是公司治理的产权基础，股东大会、董事会规模与构成以及经理人员的股权约束与激励都是股权结构的直接反映，股权结构决定了公司的控制权结构，它对公司治理产生影响并通过公司治理对公司绩效发生作用。

学术界关于股权结构与公司绩效关系的研究颇多，但对此问题的研究并无明确一致的结论，有待理论与实证的进一步探讨。股权结构与公司绩效关系的研究始于 Berle and Means（1932）的研究。他们指出，在公司股权分散的情况下，没有股权的公司经理与分散的小股东之间存在利益冲突，公司的资源可能被用来最大化经理人员的利益而不是股东的利益，这些经理不能使公司绩效达到最优，这一假说潜在的含义是股权集中度与公司绩效正相关。

正式对股权结构与公司绩效关系的研究始于 Jensen & Meckling（1976）。他们将股东分为两类，分别为内部股东（经理人员）与外部股东，内部股东拥有对公司的实际控制权，外部股东没有。他们认为，公司内部股东持股比例越大，公司价值越高，公司内部股东的利益与外部股东的利益会随着内部股东持股比例的增加而趋于一致。

在 Jensen & Meckling 之后，许多学者对这一问题继续研究并提出了自己的看法。Morck，Shleifer 和 Vishny（1988）认为，公司经理人员显著地存在按自己利益最大化原则利用资源的倾向，这是与外部股东利益相冲突的。Demsetz（1983）以及 Fama 和 Jesen（1983）提出的不同观点认为，经理人拥有少量股权，市场的约束机制才会发挥迫使其追求公司价值最大化的作用。当经理人员拥有足够的持股量时，就会大大削弱外部市场对他的约束作用，经理人员可能会利用控制权谋取私利，这可能导致公司价值降低。

Shleifer & Vishny（1986）对存在大股东控股的股权集中型公司通过建立理论模型分析表明，股价上涨带来的财富使控股股东和中小股东的利益趋于一致，因而控股股东有足够的激励去收集信息并有效监督管理层，从而避免了股权高度分散情况下的"搭便车"问题。控股股东通过对管理层施加控制，解决了内外股东之间信息不对称的问题，并有效地维护了自身的利益。因此，他们认为，相对于股权分散型公司，股权集中型公司具有较高的盈利能力和市场表现。

相对于上述理论关于股权结构与公司绩效关系方面的利益趋同假说，有的学者提出了利益侵占假说。La Porta（1999）等人认为，外部小股东的利益和控股股东的利益常常并不一致，两者之间有着严重的利益冲突。在缺乏外部监控或外部股东类型多元化的情况下，控股股东有可能以牺牲其他股东利益为代价来追求自身利益，此时，股权分散型公司的绩效优于股权集中型公司。

同前面股权结构与公司绩效相关的理论不同，Demsetz（1983）认为，股权结构是内生的，它是股东之间相互作用的结果。股权结构是内生的意味着，无论是分散型的股权结构还是集中型的股权结构，都能实现股东利益最大化，从而股权结构与公司绩效不存在内在的相关关系。

综上所述，相关文献没有对股权结构与公司绩效的关系给出唯一的结论。同样，从下面的叙述中我们可以看到，大量的实证研究也没有得出一致的结果。

Demsetz and Lehn（1985）进一步对 1980 年 51 家美国公司作

了实证研究，他们在引入控制变量的前提下，将前五大股东的持股比率与公司的会计利润进行回归分析，结果没有发现两者之间存在显著关系的证据。

Thonmsen and Pedersen（2000）通过以欧洲 12 国 435 家大公司为样本的实证研究发现，在控制了公司资本结构、行业及国家政策等因素之后，用总资产利润率衡量的公司绩效与股权集中度之间具有非线性关系，呈显著的倒 U 型曲线关系。

有关中国上市公司股权结构与公司绩效的研究始于 20 世纪 90 年代，许小年和王燕（1997）经实证研究发现，法人机构股东在公司治理中具有重要作用，国家作为股东是低效的。徐二明、王智慧（2000）利用我国 105 家上市公司 1998 年的数据进行分析，结论表明，公司存在大股东有利于公司相对价值和价值创造能力的提高，股权的集中与公司的价值成长能力存在显著正相关关系。孙永祥、黄祖辉（1999）利用 503 家我国 A 股上市公司 1998 年的数据进行实证分析，结论表明，托宾 Q 值与第一大股东持股比例呈现倒 U 型关系。

栾珊等（2004）以深市 2002 年 508 家上市公司年报为研究对象进行分析，结论表明，净资产收益率与股东人数、流通股比例和国有股比例均存在弱负相关关系，而与法人股比例存在弱正相关关系；净利润与股东人数呈正相关关系；总资产与股票总数对净资产收益率都有较大的贡献。谭利、陈琪华（2009）利用上市公司数据证明，公司绩效与前五大股东持股比例的股权制衡度正相关。

三、董事会特征与公司绩效

董事会在公司治理中处于核心地位，既是股东会的代理人，又是经理层的委托人，它处在股东会与经理层的中间层次，在股东会、董事会、经理层的三级结构中起着承上启下的作用。董事会对经理层的工作起着监督与支持的作用，它既要避免或降低经理层损害公司利益的行为，又要为经理层的工作提供建议与咨询，同时它也在公司的发展战略与经营管理决策中发挥着重要作用，董事会的这些职责对公司绩效产生着深刻的影响。本书将从董事会的规模①、董事会的结构、董事会领导结构等方面来回顾董事会与公司绩效关系的文献。

通过查阅国内外相关的重要文献，笔者发现，在董事会规模与公司绩效关系问题上，学者们的观点有很大的分歧。

一类观点认为，规模相对较大的董事会有利于公司绩效的改善。Pfefer（1972）认为，公司资本结构等因素影响公司规模与董事会规模，董事会规模与公司获取外部关键资源的能力关系密切。Bimbaum（1984）指出，外部环境的不确定性会引起董事会规模的增加。Ocasio（1994）认为，董事会规模较大，有利于治理效率的提高，较大规模的董事会可以限制 CEO 对公司产生不利影响。有的学者为上述观点找到了证据。Changanti、Mahajan & Sharma（1985）以零售业破产公司为研究样本，发现公司破产概率与董事会规模成反比，其原因是，较大规模的董事会带来的多样的专业知识提高了董事会决策的准确性，进而降低了破产的概率。Denis 和 Sarin（1999）的研究发现，增加董事会规模的公司在后续的会计期间获得了更高的市场调整收益率。Dan 等（1999）对 131 个样本（包含 20620 个样本点）的研究表明，在董事会规模与公司财务绩效之间存在着一种显著正向的系统联系。

另一类观点认为，规模小的董事会有利于公司绩效的提高，这是一种主流的观点。Lipton and Lorsch（1992）指出，规模大的董事会会出现董事会成员间沟通与协调的困难，这往往导致决策效率低下及创新思路和策略不会被董事会采纳，从而影响公司的绩效。

---

① 董事会规模是指董事会成员的数量。

他们认为，董事会规模最大不应超过 10 人，首选 8~9 人。Jensen（1993）认为，如果人数超过 7 人或 8 人，董事会就不能很好地发挥应起的作用并更易受到 CEO 的控制，这是因为，随着董事会人数的增加，人们会把重点放在客气、礼貌和谦恭上，丢掉求真和坦率的作风。Alexander 等（1993）认为，规模相对较大的董事会通常更多样化、更容易发生争论和更没有凝聚力，CEO 在与董事会成员的交往中可以运用一些策略获得权力优势。为了验证这种观点的有效性，一些学者进行了实证分析。Yermack（1996）分析了 452 家美国大型公众公司 1984~1991 年的数据（所有公司都 4 次登上美国《财富》杂志 1984~1991 年公布的美国 500 家最大公众公司的排行榜），研究发现，托宾 Q 值与公司董事会的规模负相关，无论用截面数据还是用时间序列数据，得到的结论都是一样的。他认为，这可能是董事会的规模限制了董事会监督经理人员的激励和能力，这影响了企业的盈利能力，进而影响了企业的市场价值。作为与 Yermack 前后相继的研究，Eisenberg（1998）利用与美国治理环境相似的芬兰 900 家中小公司 1992~1994 年的数据对 Yermack 的结论进行检验，也得到了类似的研究结论。

我国学者对董事会规模与公司绩效关系的研究不多。孙永祥、章融（2000）以 1998 年 12 月 31 日在上海证券交易所与深圳证券交易所上市的 519 家 A 股公司为样本，对托宾 Q 值、总资产收益率、净资产收益率与董事会规模关系进行实证分析，结果显示，我国上市公司董事会规模与公司绩效之间存在负相关关系，董事会规模越小，则公司绩效越佳，因而提倡董事会规模不应过大，这样会有利于我国上市公司绩效的提高。沈艺峰和张俊生（2002）的实证研究发现，绩效差的 PT 公司和 ST 公司的董事会规模较大。于东智（2003）以 2000 年 12 月 31 日以前在深、沪证交所上市的 1088 家公司为样本，以 1997~2000 年为研究区间，研究了董事会规模与公司绩效的关系，实证结果显示两者呈倒 U 型关系，二次曲线的转折点大约在 9 个附近。董事会人数不多于 9 人时，董事会规模与公司绩效呈正相关，董事会规模继续增大时，董事会工作的低效降低了公司的绩效。此外，朱杏珍（2002）用集对数学理论的分析，构建起相应的数学模型，通过对模型的分析、测算，提出了董事会群体的规模以 5 人为宜的结论（大型公司执行董事的人数以 5 人为宜），并认为董事会规模与公司绩效负相关。张美霞、牟红（2006）的研究也证实了董事会规模与公司绩效负相关。但郑文坚（2004）以 2002 年年底在沪深两市上市的全部 1223 家公司中随机抽取的 373 家为研究样本，通过实证分析发现董事会规模与公司绩效之间不存在显著的相关关系，表明我国上市公司董事会的规模并不是影响公司绩效的主要因素。

从总体上来看，现有文献认为董事会规模与公司绩效之间具有相关性，但对于相关性的方向尚未得出一致的结论，多数学者倾向于董事会要有一个合理的规模。

董事会结构是真正有效发挥董事会作用的基础（Tricker，1994），但在讨论董事会构成与公司绩效的关系方面，国内外学者的研究结论也不尽一致。董事会结构指董事会成员的类型（内部或外部董事），研究的重点集中在内、外部董事的比例。

代理理论从经理人的自利性和有限理性角度出发，强调了外部董事的重要性，认为外部董事比率的提高有助于加强董事会对公司经理阶层的监督与控制，维护股东的利益也有助于公司及时了解环境的信息，外部董事比率与公司业绩呈正相关关系。[1] Weisbach（1988）认为，由于外部董事多的董事会独立性强于内部董事控制的董事会，所以经理人员的升迁与公司业绩相关性在外部董事较多的公司相对强得多。其他一些国外学者的研究结论也表明，董事会

---

[1]　代理理论强调经理人的机会主义倾向，认为董事会构成会影响股东和经理人之间的关系。

中外部董事的比率与公司绩效呈正相关关系。我国学者吕兆友（2004）通过对沪深两市584家工业类上市公司董事会的研究，得出了公司绩效与独立董事构成具有比较明显的正相关关系。

相反，另一些学者发现外部董事比率与公司业绩呈负相关关系。Daily等（1993）通过研究发现，绩效高的公司独立性依赖较小。Yermack（1996）与Agrawal and Knoeber（1996）都发现，外部董事比例与托宾Q值之间存在负相关关系。李常青、赖建清（2004）研究发现，我国上市公司独立董事比例与公司绩效负相关。这说明外部董事自身存在一些劣势，如在经济动力及信息获得方面。这也从反向说明，董事会中有一定比例的内部董事是有价值的，他们的优势在于有本企业特有的知识和信息，不过内部比例也不能无限制地持续增大，否则不利于提高企业价值。

大多数外部董事比率与公司业绩的研究都表明两者之间几乎不存在相关关系。Hermalin and weisbach（1991）的实证分析表明，企业绩效指标与外部董事比率之间不存在显著的关系。Laura Lin（1996）利用有关的公开进行的研究结果表明，独立董事的比例与公司整体业绩之间没有相关关系。胡勤勤、沈艺峰（2002）通过对深沪两地41家已建立独立外部董事制度的上市公司的经验分析表明，中国上市公司的经营业绩与独立外部董事比率之间存在不显著的相关关系。李有根等（2001）以1998年和1999年在沪、深两市新上市的91家公司为样本，分析董事会构成与公司绩效之间的关系，他们将公司的董事会成员分为内部董事、法人代表董事、专家董事和专务董事，经研究发现，法人代表董事构成与公司净资产收益率之间具有显著的倒U型曲线关系，但是，在内部董事比率、专家董事构成、专务董事构成与公司绩效之间没有发现稳定的变量关系。

董事会的领导结构，即总经理与董事长是否应兼任，是董事会研究争论的另外一个焦点。学者们对此进行了广泛的研究，但结论并不完全一致。

代理理论认为，由于代理人的机会主义倾向及为了防止代理人的"败德行为"和"逆向选择"，应强化董事会的监督职能，需将总经理与董事长的职务进行分离，该理论认为两职合任与公司业绩呈负相关关系。一些研究支持了该理论。Fama and Jeson（1983）认为，企业决策管理与决策控制两项职能的分离降低了代理成本并导致了公司绩效的提高。Rechner and Dalton（1991）对 1978～1983 年两职合一与两职分离的公司进行了检验，他们利用净资产收益率、股权收益率和利润边际作为度量绩效的指标，结果发现，在财务收益高的年份，两职分离公司的绩效高于两职合一的公司；在财务收益一般的年份，两类公司差别的显著性不是很明显。Pi and Timme（1993）的研究发现，在 1987～1990 年间的银行业中，两职分离公司的绩效优于两职合一的公司。李常青、赖建清（2004）以上海证券交易所发行上市的 396 家企业为样本，经过实证研究得出总经理兼任董事长会降低公司绩效的结论。

Donaldson（1990）结合组织行为与组织理论指出了代理理论的不足。他认为，人们对成功的需求、责任心、他人给予的认可、利他主义的信仰及对权威的尊敬等会使管理者努力工作，会成为公司资产的好管家。该理论指出，总经理与董事长两职合一可以使企业在方向上更统一，行动上更有效，与环境的互动上更适应，从而会增加公司绩效。Donaldson and Davis（1991）实证研究的结果表明，在两职合一的情况下，公司业绩（以 ROE 表示）更好。

资源依赖理论提出了一种权变的观点，该理论认为，董事会的领导权结构要根据企业具体面对的环境不确定性状况而定。Hambrick and Finkelstein（1987）指出，在高度不确定的环境中，应采用两职合一的领导权结构形式，这可以增强公司的反应能力，这种反应能力与合并的权力一起构成公司的一项有效资产。Boyd（1997）发现，在高度变化的环境中，小规模且两职合一的董事会会做出更高效的反应。Bourgeois and Eisenhardt（1987）以及 Judge and Miller（1991）都发现，在高度变化的环境中，决策速度对公司绩效至关重要。在高度不确定的环境中，两职合一可能导致快速的决策过程，从而提高公司绩效。

除了上述相关的观点外，一些学者也得出了两职合一和两职分离与公司绩效几乎不相关的结论。Chaganti、Mahajan 和 Sharma（1985）对零售业中 21 个破产公司和 21 个非破产公司进行了比较，没有发现两职合一对公司绩效的影响。吴淑琨、柏杰、席酉民（1998）通过对上海证券交易所上市的 188 家公司的实证分析，认为对中国现阶段的上市公司来说，两职是否合一与其绩效之间并没有显著的联系。

四、经理激励与公司绩效

激励机制是公司治理的重要内容之一。对经理人员激励的出发点是要把高管人员的个人利益与公司绩效直接联系在一起，这可以提高经理人员的积极性，进而有利于公司绩效的提高。经理人员的报酬主要由基本工资、奖金、股票和股票期权组成。基本工资可以提供可靠收入，奖金与短期经营绩效有关，股票和股票期权有利于促使经理人员关注企业的长远利益。经理人员持股与股票期权是学者们研究的重点。

研究者从如下几个方面对经理人员激励问题进行了理论探讨。委托代理理论强调的是在所有权与经营权分离、委托人与代理人存在利益冲突的情况下，如何保证代理人（经理）为委托人（股东）的利益去工作。该理论解决问题的方法是，设计一种激励合同来激励和约束代理人，这种合约要符合"激励相容约束"的条件，并使经理收入与企业绩效相关，同时要求经理承担相应的风险。以委托代理理论为基础，Garen（1994）通过模型构建来研究经理报酬水平和结构的决定因素。他的研究得到了与委托代理理论一致的结论，该结论表明，经理的报酬结构是激励和奉献权衡的结果。Sappington（1991）经研究指出，要让委托代理关系中的代理人承担风险，委托人必须承担一部分风险。他认为，市场竞争对代理人的约束是事后的约束，为了更好地约束代理人，委托人保证有潜在的代理人代替现有的代理人是必需的。

　　一些学者从合约不完全的角度探讨了经理层激励的问题，他们认为，由于未来的不可预测性及交易成本的高昂，不可能在事先签订完备的合同促使经理层按委托人的意志行动，所以双方只能降低要求签订偶然合同（contingency contract），这样，又回到让股东掌握了最终控制权。但由于股东"搭便车"的行为，这种偶然合同也解决不了问题，最后还得由经理取得最终控制权。在完备合同无法签订和偶然合同无效的情况下，激励合同就成为委托人激励与约束经理行为的必然选择，激励合同可以降低股东与经理目标上的不一致性。激励合同也具有不完全合同的属性，为了让激励合同更有效地发挥作用，必须通过合同将剩余控制权的配置界定清楚，剩余控制权的配置会影响到委托人与代理人双方的影响力及激励合约的效力。

　　Mirrlees and Holmstrom 等人关注到了委托代理关系中存在的信息不对称问题。委托人与代理人之间的信息不对称导致代理人的行动不能直接让委托人观察到，从而产生代理人的"道德风险"和"逆向选择"问题。理论关注的焦点主要集中在如何规范代理人的行为以实现"激励相容"。

　　Lazear and Rosen（1981）的研究证明，对于风险厌恶的经理人，锦标制度能够优于线性契约，优胜者与失败者之间的激励差距决定了锦标制度提供激励的大小；对于风险中性的经理人，无论何种激励设计都能达到最优的努力水平和产出水平。他们的研究结果表明，基于相对绩效的竞争能为经理人提供激励。

在经理激励与公司绩效关系的实证分析方面，国内外学者也进行了相关的研究。

Jensen and Murphy（1990）用实证的方法估计了公司 CEO 的报酬与公司绩效之间的关系，研究显示，CEO 的报酬或财富每变动3.25 美元，则股东财富将会变动 1000 美元，显示了 CEO 报酬与公司绩效之间存在正向的关联关系，但程度很微弱。

Morck、Shleifer and Vishny（1988）调查了 371 家财富 500 强企业，通过 1980 年的横截面数据考察了经理持股与公司绩效之间的关系。他们的研究表明，经理持股的激励效应很明显，经理持股能够刺激经理积极地去改善公司业绩。他们也注意到了经理持股的防御效应①及经理持股过高可能造成经理利用其控制权侵占其他股东的利益。

赵雪芹等（2002）的研究表明，上市公司高管持股与公司绩效有正相关性，但其显著性特征并不明显。

张晖明等（2002）认为，企业绩效与高级管理人员报酬和持股比例显著正相关，但如果高管持股比例过低，反而与公司业绩负相关。

周兆生（2003）的实证研究表明，年薪报酬、股权收益及职务变动都与企业绩效呈正相关性，我国上市公司总经理报酬水平与激励效应低，激励结构不合理。

魏刚（2003）的研究结果表明，上市公司高级管理人员年度货币收入偏低，报酬结构不合理，形式单一，收入水平存在明显的行业差异。此外，"零报酬"现象严重，高级管理人员持股水平偏低，"零持股"现象比较普遍。高级管理人员的年度报酬与上市公司的经营业绩并不存在显著的正相关关系。高级管理人员的持股也没有达到预期的激励效果。

---

① 防御效应是指经理们拥有太多的股份，降低了敌意接管的可能性。

杨贺、柯大钢、马春爱（2005）运用上市公司 2002 年年报的横截面数据分析经理持股与企业绩效的关系，研究结论表明，经理持股水平不会影响企业价值。

荆爱民等（2003）经实证研究认为，高管人员的报酬与公司的经营业绩不存在显著的正相关关系，特别是缺乏一种长期有效的激励手段。

五、相关研究评述

通过梳理公司治理与公司绩效研究的相关文献，笔者发现现有研究存在以下四点不足。

一是在对公司治理与公司绩效关系的解释上，理论的说服力不够。现有文献在研究公司治理与公司绩效关系时，视角绝大多数局限在公司治理中某单个变量对公司绩效的影响，缺乏对公司治理与公司绩效间关系的系统性研究。另外，我国许多学者在对公司治理与公司绩效关系的解释上存在照搬西方理论的现象，忽视对现实问题的深入探讨，大多数研究流于形式。

二是忽视了公司治理与公司绩效传导机制的研究。公司治理不会直接对公司绩效发生作用，它需要通过中间变量经过一定的传导机制对公司绩效产生作用，对传导机制的研究还很少。迄今为止，学者们分析公司治理问题时，一般仅就治理进行单方面研究。研究公司治理与公司绩效的关系问题，必须研究它们之间的传导机制，否则，公司治理问题很难得到彻底的解决。

三是对公司治理有效性问题研究得很不充分。公司治理有效性研究的不足，对公司治理理论的发展及企业的实践有很大的影响，尤其是处于转轨期的我国，指出什么样的公司治理是有效的应是更为迫切的任务，它对企业绩效的取得意义重大。有效的公司治理和持续稳定的公司绩效是一种对应的关系，持续稳定的公司绩效后面一定有一个有效的公司治理，就目前的研究来看，学者们对公司治理有效性的概念界定、标准选择等方面研究得不够充分。

四是在公司治理与公司绩效关系的实证分析方面，我国学者对同样市场的数据得出了不同结论，在研究的可靠性方面存在问题，原因在于研究者所选的样本、被解释变量与解释变量方面存在问题，如样本的选取没有界定清楚、被解释变量的说服力不够、解释变量的指标没有代表性等。

2.3　公司治理与公司管理的关系研究

一、现有研究回顾

研究公司治理与公司管理关系的文献很少，下面的内容代表了这方面的主要研究成果。

Tricker（1984）最早提出了公司治理与公司管理的区别和联系，他认为，公司治理与管理是不同的概念，管理是经营业务，治理是确保业务被恰当地经营。管理涉及如何运作公司业务，治理涉及董事如何全面指导企业，检查和控制管理部门的执行活动，满足公司边界之外利益集团对责任和规制的合法预期。Tricker 认为，战略制定是治理与管理共有的行为，两者通过战略管理连接在一起。Tricker 关于治理与管理关系的观点是最早的也是被引述最多的。

Kenneth N. Dayton（1984）认为，公司治理和公司管理是一枚硬币的两面，谁也不能脱离对方而存在。公司治理指的是董事会用来监督管理层的过程、结构和联系；公司管理则是管理人员确定目标以及实现目标所采取的行动。Dayton 认为应加强董事会和管理层之间的联系，但他没指出这种联系的内涵。

Cochran and Wartiek（1988）认为，公司治理与公司管理之间的潜在冲突是构成公司治理问题的内容之一，公司治理的目标包括协调公司的治理和管理之间的关系。

Banaga 等（1995）指出，应该将公司治理与公司管理综合起来加以研究，并提出了一个描述性模型，其中，公司治理系统由监控机制和激励约束机制两部分组成，而公司管理系统包括企业战略目标与决策系统、企业组织结构与组织管理系统以及企业文化与价值系统三部分。

田志龙（1999）认为，公司治理是影响公司管理行为的各方面当事人与公司之间基于合约关系而形成的一种制度安排。

王峻岩（1999）认为，公司治理结构是科学管理的一种模式，它是指以经济效益和股东权益最优化、持续化为目标，对公司的法人财产进行有效使用和管理的组织机构及其运行机制。其显著特征是，在企业内部，所有权与经营权相分离，所有者、经营者与生产者之间通过公司的决策机构、执行机构和监督机构，形成相互独立、相互制约、权责明确、互相配合的机制，股东大会、董事会、监事会组成公司内部组织结构，有效行使其决策、执行和监督的权利。

李维安（1999）认为，企业需要管理，公司需要治理。他认为，古典管理学对管理的假定就是对企业的经营，管理要发挥的作用是使企业的经营更有效率和效力，管理组织是金字塔的等级结构。他认为，公司治理的任务在于采取行政措施对公司进行总的指导、监督和控制，使说明责任制满足合法的期望值，并通过超出公司界限之外的利益进行调整。

费方域（1996）认为，治理是开放的系统，管理是封闭的系统；治理是战略导向的，管理是任务导向的；治理的中心在外部，管理的中心在内部。他认为，治理是董事会的工作，而管理是执行者的工作。

吴淑琨（2001）注意到了公司治理与管理的相互匹配性，考察了企业制度的不同阶段治理与管理的动态适应性，指出治理与管理相结合构成了企业系统，并沿着 Tricker 的思路从战略的角度分析了公司治理与管理的关系。

荣兆梓（1995）认为，广义的公司治理涉及企业内部所有者、经营者及全体员工的关系，企业的所有组织制度、管理制度、激励制度和约束制度都与公司治理相关。公司治理的核心是设置在企业组织顶层的一个机构体系。企业管理一般是指以企业最高管理者当局为主体，对全体的指挥、监督和控制。所以他对治理与管理两者关系的理解是，治理可以包含管理，治理的层次要在管理之上。国内也有学者认为，管理可以包含治理。

二、相关研究评述

从现有的研究文献来看，企业治理与管理基本上是分开来进行研究的，把两者放在一起进行相关分析的文献不多，已有文献大多也局限在两者概念的区分上，缺乏对两者联系的深入分析，对两者影响机制的细致考察还未见到。对这方面研究总体的感觉是，研究治理的学者其思想脉络一接触到管理就几乎停滞了，研究管理的学者则无视企业间治理的差异，两方面的学者基本上都在自己的领域里耕耘。

为什么学者们忽视了对治理与管理内在关系的研究？原因主要在两个方面：一是公司治理与管理从其理论发展的脉络上看，主要分属两个不同的学科——经济学与管理学。经济学与管理学根本的区别在于对行为主体的假定不同。经济学假定人是经济人，是具有机会主义倾向的人；管理学对人性的认识超越了经济人假设，提出了复杂人、社会人、自我实现人等新理论，并沿着这一方向逐步发展成了一个独立的学科。学科的不同，带来了研究领域、研究方法的不同。公司治理以经济学为工具，研究企业高层各要素主体间的契约关系；管理学以各企业治理相同为隐含前提，集中探讨企业系统内治理以下部分——科层组织中的行为主体间的关系。二是人们一般认为与管理不同，治理不是企业一种内生的组织或制度，没有必要把它与企业的内生变量——管理作为一对共生变量去研究，如人们通常认为，董事会虽然是企业内的一个机构，但它不是企业内生的，它是基于公司法和上市公司监管条例的要求而设立的，董事会的安排和运行只要满足法律的要求即可。

　　笔者认为，轻视公司治理与管理内在关联研究的观点是片面的。这是因为：（1）经济学与管理学的交汇是历史的趋势和逻辑的必然。两者的交汇可以分为两个层面。一是对象层面，如企业已成为经济学与管理学共同研究的重要领域之一；二是方法层面，经济学不断放松假设，走进现实，管理学则从多样性的经验出发，经归纳总结以抽象出一般的理论。公司治理就是介于两门学科之间的边缘学科，公司治理问题本身就需要经济学与管理学共同来研究，分清学科界限既不容易也无必要。（2）公司内部治理是由市场诱导的并在大型组织内部演化出来的。公司内部治理是符合市场经济规则的内生机构和机制，它位于企业的最高层次，作为企业最重要的决策和监控机制，与其下一层次的管理有密切的内在联系。董事会的发展和现状可以证明这一点。从发展上看，作为企业内部治理的核心组织——董事会，其产生的时间要远远早于法律要求。从现状上看，如果只为了满足法律的要求的话，那么，为了减少企业的成本，董事会的规模应维持在最低水平上，但事实上，在成熟的市场经济国家，董事会的规模常会超出法律要求的水平。公司内部治理是为了解决代理问题、协调和整合各利害相关者的利益及构建对管理者有效的决策、监督、激励机制的需要而建立的。

第 3 章

公司治理对公司绩效的传导机制分析

一个公司契约的履行需要依靠公司治理与公司管理两个方面来完成。在治理与管理的研究上，目前基本上是单方面研究，对治理与管理的关联研究被主流理论所忽视。[①] 脱离治理研究管理或脱离管理研究治理是片面的。在现实中，管理要在治理的基础上发挥其功能，治理也必须以管理为条件实现其价值，一个有效的公司治理一定是对管理形成良性影响的治理。本章主要从公司治理与公司管理关联的角度探讨公司治理对公司绩效的传导机制问题。

3.1 公司治理与公司管理的关系

在现代企业内部，公司治理与管理相互影响、相互作用，共同为企业的发展服务。

一、公司治理对公司管理的影响

公司的目标是进行商业活动以提高公司利益和股东收益。在实

---

① 企业管理与公司治理相对于其他学科来讲发展的历史都不长，这是对两者关系缺乏研究的一个客观原因。

现这个公司目标的过程中，公司治理的角色就是对管理层负责，对企业的成功负责。公司治理要体现其自身的价值、发挥其应有的功能，必须对管理施加影响。公司治理对公司管理形成影响的原因主要有以下四个方面。

首先，公司治理为管理确定了行为规则。公司治理在制度方面充当管理层的源泉。公司治理所形成的契约为企业的发展方向、组织方式、权力运转、利益分配作了总体的规定，这相当于为管理者确定了行为规则。管理者依据该规则决定自己的策略和行动，具体体现在资源的配置和利用效率上。由于所有者与管理者之间存在利益的冲突，故治理与管理之间的关系存在博弈的性质。要使这种博弈的方式向合作方向发展，公司治理所确定的规则具有决定性的作用。公司治理制定的规则影响管理者行为的选择，其制定的规则合理，管理者会减少机会主义行为并努力提升企业绩效、控制企业经营的风险；如果其制定的规则不合理，会导致管理者的逆向选择和道德风险，企业发展受到阻滞，经营处在危险之中。

事实证明，长期优良的企业绩效一定有好的公司治理与之相匹配。虽然在短期内管理可以在治理有缺陷的情况下创造一定财富，但由于缺乏有效的决策机制、激励机制与约束机制，企业的绩效很难长期保持下去，这样的企业不能与有良好治理结构的企业展开长期竞争。公司治理对管理发挥着基础性的影响，企业要长期发展必须解决治理问题。

其次，公司治理为管理提供动力。公司管理的有效运转需要必要的动力。每个企业的参与者都追求自身的利益最大化，管理者也是其中之一。如果管理者增加了努力，承担了全部成本，却得不到或得到很少其追加努力所创造的收益，他会因此选择偷懒或降低其努力程度。处于这种状态的企业，其管理缺乏创造绩效的动力。公司治理可以通过设计经理人报酬激励合约为管理注入创造绩效的动力。一个能为管理提供充足动力的经理人激励合约应满足两个基本条件：一是合约对经理人有吸引力，满足其"参与约束"①，使其感到加入合约比不加入合约强；二是合约要满足"激励相容约束"②，即企业所有者要承认经营者是在先实现自己利益最大化的基础上为企业服务的，所有者应使自己所要的结果符合代理人的利益。

再次，公司治理使非人力资本与人力资本形成合力。非人力资本与人力资本是推动现代企业发展的两种重要力量。非人力资本是管理最原始的推动力。非人力资本所有者通过掌握财务资本影响企业的运行，股东会、董事会与管理层的运作状况都显示着非人力资本控制力的强弱，因此，作为一种物化要素投入的非人力资本对企业的经营管理发挥着重要的作用。在当今世界，非人力资本虽然作为一种重要的力量而存在，但其地位与以前相比却在下降，以知识为内涵的人力资本作为一种新的力量在企业中的重要性日益增长，管理层就是拥有管理知识的人力资本所有者。在企业中，非人力资本所有者与人力资本所有者为满足各自的利益诉求进行竞争与合作，双方合作的基点是使双方需求得到平衡。现代企业就是在平衡非人力资本与人力资本利益的基础上不断实现企业盈利的。公司治理就是连接非人力资本所有者与人力资本所有者的纽带，在治理结构体系内，两种资本所有者为了各自利益不断进行谈判，好的公司治理能为这种谈判找到合作的基础——利益的平衡点，在此基础上，非人力资本与人力资本形成了推动企业发展的合力。

最后，公司管理是公司治理的延伸。公司治理承担两方面的职能：一是支配若干在企业中有重大利害关系的团体关系，使其从企

---

① 参与约束是指合同必须对代理人具有吸引力，使代理人参加合同获得的益处至少比不参加合同要大。

② 激励相容约束是指，委托人想得到的结果要符合代理人利益，代理人首先要实现自己的利益，在此基础上才为委托人努力，委托人违背代理人意愿将得不到最优结果。

业中实现各自的利益；二是对管理施加影响，指明公司运行的方向并确保公司的业绩。有效的公司治理能使企业的管理活动体现企业所有者——委托人的意志，使公司管理成为公司治理的一种延伸。如果治理不能对管理施加影响，那么企业所有者就会降到仅是资金提供者的地位。具体的表现是，作为公司治理核心的董事会，把自己经讨论认定的公司目标、战略及实施方案交由高层管理者实施，高层管理者将其分解后指导中层管理者及一线员工贯彻执行，董事会会对整个实施过程进行监控并接受反馈，及时获得企业绩效的信息并对差错进行纠正。可以说，有效的公司治理能把自身融入管理的全过程，让管理沿着其指明的方向前进。

公司治理对公司管理的影响要通过一定的途径，以下是公司治理对公司管理施加影响的主要途径。

第一，公司治理通过战略决策影响管理。战略管理是公司治理与公司管理的联结点。战略决策方面的合作使公司治理与管理得到了很好的融合和协调。全美公司董事会联合会（NACD）认为董事会的战略职责是：确定公司经营理念和使命，审议和批准管理层的战略计划及业务计划，包括发展对所从事业务的深入了解，理解并质疑这些计划所依据的前提假设，形成对计划实现的可能性的独立判断。应当说，公司在制定战略决策时，公司治理主体起到了决定性的作用。

战略决策过程大致可以分为：方案提出、审议和批准、实施、监督与评估阶段。在方案提出阶段，高层管理者起主要作用，高层管理者可以利用自己的信息优势和专业优势提出若干战略方案。好的战略方案应兼顾企业的整体利益，实现企业长短期利益的均衡。但由于高层管理者存在机会主义行为，他们会利用信息不对称提出有利于自己而损害其他利益相关者（主要是股东）的方案，这时，如果方案的决定权掌握在高层管理者手中或由其控制的董事会手中，方案的质量就很难得到保证，所以战略方案的审批权必须掌握在独立的董事会手中。从这方面讲，战略决策的进程是高层管理者与董事会（或股东）不断博弈的过程。最终方案的确定是各方面博弈的结果。公司治理把利益相关者（尤其是股东）的利益和理念融进了决定企业长期发展的战略决策中，目的是在实现各方利益均衡的前提下实现企业财富的最大化。战略决策的审批权主要掌握在董事会的手里。在战略方案的提出和审议阶段，高层管理者与董事会也存在行为交叉的情况，如董事也可以提出企业的战略方案，董事会中也存在本身是高层管理人员的董事。战略方案的实施由高层管理人员负责指挥，由企业各层次人员共同承担。对战略方案的实施，董事会（或监事会）及企业各层次管理人员都可发挥监督和控制作用。

通过对企业战略决策过程的分析，可以看到企业的战略管理过程是公司治理与公司管理共同完成的，两者通过战略管理活动有机地融合在一起。

第二，公司治理通过公司高层管理人员影响管理。从人员角度看，高层管理人员是公司治理与公司管理的联结点。在治理结构中，高层管理者非常活跃，他们要负责战略方案的拟订，有的高层管理者作为董事还要参加战略方案的审议和批准。除此之外，在治理结构中，高层管理者要同其他利益相关者进行谈判，约定各方利益、责任和权利。高层管理者在治理结构中所进行的活动，既涉及企业的方向，又为企业规范运行搭建了基础性的框架。

在公司管理中，高层管理者是主要的决策者、指挥者，他们对组织成员的行为、企业的具体经营活动、既定组织目标的实现起决定性作用。董事会是股东派驻企业的常设的小口径治理结构，董事会的角色就是对管理层负责，对企业的成功负责。董事会可以通过如下方面直接对高层管理者施加影响：选拔、替换企业高层管理者；决定高层管理者的报酬；监督、控制、评估企业的运行；为高层管理者提供政策依据；为管理层确定相应的经营理念等。

高层管理者跨越了公司治理与公司管理两个领域，成为联系两者的重要纽带。高层管理者的作用若发挥得好，上通决策，下达管理，企业会制定切合实际的目标并沿着正确的方向前行。但由于高层管理者有自身利益同时兼具有限理性，这导致他们在不受约束与帮助的情况下常会偏离公司应遵循的正确方向。要更好地发挥高层管理者的作用，必须实现有效的治理，公司治理通过董事会职能作用的发挥，指引、激励、约束、监督高层管理者的行为，并通过他们的行为影响公司的管理活动。

第三，公司治理对管理创新职能的影响①。在现代社会里，创新已成为企业成功的关键，创新能给企业带来绩效的改善。企业的创新活动需要管理的支持，管理可以为创新活动提供条件、创造环境，并提供必要的政策与组织保证。

管理人员支持创新活动会冒很大的风险，即便成功的项目在前几年也往往不会有盈利。对公司发展而言，虽然进行创新是必要的，但诸多不确定因素加大了公司的风险。如果创新活动失败，公司管理人员就可能承担相应的责任，所以不是所有的管理人员都愿意从事创新活动。

理论研究表明，公司治理会影响到管理对企业创新活动的支持。有的学者认为股权结构会影响公司的创新。刘三林、孟凡平（2000）认为，产权结构一元化是我国多年来力促企业技术创新收效不大的主要原因，高度集中于政府的所有权形式，造成企业创新动力不足。代理理论强调，所有者与经营者之间的利益越趋向一致，管理层对创新的支持就越大。董事会的地位与独立性、管理层持股、具有关心企业的控股股东等方面，都会影响到所有者与经营者之间利益的一致性，进而会影响到管理对创新活动的支持。笔者

---

① 依据熊彼特的观点，企业家精神的真谛就是创新，创新是一种管理职能。

认为，公司治理、公司管理与企业创新之间形成一根传递的链条，没有公司治理的策动，管理者会趋于保守，企业创新活动将进展缓慢。相反，有了公司治理激励和监督，管理者会承担风险，推动企业创新。

第四，公司治理对企业文化的影响。企业文化是一种非正式制度，是一种价值观体系，对企业成员的思想行为有着深刻的影响。按照西蒙的观点，企业文化应是管理的前提。任何企业在其运行中总会形成某种特定的组织文化。在具有强文化的企业里，人们都会意识到：在这个企业里，我们是这样思考的；对这件事，我们应采取这样一种处理方式。企业文化从根本上决定着组织成员对周围世界的看法及反应方式。在管理过程中，管理者的思想和行为必然受到企业文化的影响。公司治理主体通过不同的治理模式，把自己的观念渗透到企业文化中，以此来影响公司的管理与公司绩效。不同的治理模式会影响不同企业文化的形成。在具有发达资本市场的前提下，美国公司形成了以直接融资为主、间接融资为辅的筹资方式。与直接融资方式相关的是美国公司股权高度分散化，股权的流动性大，公司的终极所有权非常清晰。公司业绩好、股票升值时，股东们持有公司股票；反之，就抛售企业股票。股权的这种高流动性，容易引起企业间的兼并收购，企业被兼并收购，常常意味着经营者控制权的丧失。在一定程度上，股东的好恶影响着经营者的去留。另外，美国很多公司实施股票与股票期权激励，这些激励方式引导经理从股东利益的角度思考问题。美国公司治理模式的这些特点使大多数美国公司形成了股东至上及目光短视的经营文化。在日本，法人交叉持股是日本股权结构的基本特征，与美国相比，其股权结构非常稳定。日本公司的董事会成员一般是在企业内部产生，大多数董事由公司各事务部部长和分厂的领导兼任。由于缺少股东主权的约束，日本企业的目标是多元化的，员工、顾客、市场的目标往往大于近期的股东利益。

　　第五，公司治理对组织的影响。组织结构是指一个组织内各构成部分和各个部分之间所确定的关系形式。企业的组织问题涉及企业的职权分布、管理幅度、管理层次、岗位与部门设计等。企业组织结构的实质是一种责、权、利的分工体系。企业的组织是任务导向的。它把企业的目标分解成具体任务分配给各个部门、各个岗位去承担，同时，建立起它们之间分工与协作的关系。公司治理是企业组织活动的一个基本背景。公司治理所确定的企业使命、目标、战略是各种组织结构设计与变革的依据。Chandler（1977）认为，结构追随战略，新的组织结构如不因战略而异就将毫无效果。

　　除了治理结构通过战略影响组织结构的构成外，企业治理的状况本身也会影响组织的变革与创新。福特公司早期缺乏合理决策机制的治理状况延缓了企业组织结构的创新。我国的一些国有企业由于所有者缺位并缺乏有效的经理层激励约束机制，企业的组织变革与创新缺乏动力，对外部环境与企业战略的反应严重滞后。

　　第六，公司治理影响管理控制。管理控制是保证企业实际作业与企业目标战略计划动态适应的管理活动，换言之，管理控制能保证企业目标得以实现，战略与计划得以执行。公司治理存在的目的就是对企业管理活动进行控制，确保公司利润和股东收益的实现。公司治理对控制的主要影响有：确定企业运行的基本网络框架，为管理控制提供基础；管理者遵循公司治理制定和批准的目标、战略、制度进行管理控制；通过激励与约束机制，为管理者实施管理控制提供动力、施加压力；公司治理结构也进行一些控制活动作为管理控制活动的补充等。如董事会的职责中包含这样一些与控制有关的事项：监控、评估高层管理工作，将公司业绩与战略计划和业务计划相比较进行监控，定期监督运营结果来评价公司业务是否得到好的管理，确保企业行为遵循审计、会计准则和公司自己的治理文件。此外，董事会还设有审计委员会，对企业进行内部控制。

二、公司管理对公司治理的作用

在企业的运行中，公司治理在影响公司管理的同时，公司管理也反作用于公司治理，两者任何一方出现问题都会导致两者关系的失衡，进而影响企业的良性发展。公司管理对公司治理的作用主要表现在以下七个方面。

第一，公司管理对公司治理主体战略决策的作用。公司治理主体虽然对公司战略决策的制定负责，但战略决策的制定却受到公司管理的影响，这表现在：企业战略的调整往往是为了适应企业经营管理的变化；企业高层管理者在拟订决策方案时会考虑自己的利益。此外，公司管理负责战略的执行，执行结果的好坏在一定程度上也可以检验公司治理的决策机制是否科学。实践证明，如果执行的效果不好，不是由管理或意外原因造成，那么就应对公司治理的相应方面做出一定的调整。

第二，公司管理信息系统是公司治理有效运作的基础。管理信息系统是公司治理有效运作的支撑，它既传递财务会计信息也传递非财务会计信息。公司管理信息系统所传递的信息为公司治理主体做出决策提供依据。公司治理主体在进行决策时，必须及时、准确地了解企业内外部的信息，这样，他们才能做出适当的决策。如果没有管理信息系统提供的信息，董事会、监事会的任何决策都可能是盲目的。管理信息系统也提供董事会及管理层的业绩考核信息，董事会和管理层的业绩报告应通过管理信息系统及时反映出来，这对董事与管理层的激励和约束及公司治理的高效运转非常重要。

第三，低效的管理可能导致公司治理结构的变化。管理效率可以反映公司治理的好坏。业绩差的管理经常是调整治理结构的原因。公司治理是企业绩效创造的基础和保障，是创造绩效的起点；公司管理是绩效创造的动力和源泉。两者是相互关联的。Hermalin和 Weisbash（1998）发现，公司业绩比较差，往往引起公司董事会的调整，如在董事会中增加外部董事的比例。

第四，企业组织的变化会引起公司治理的变化。企业组织规模的不同可导致公司治理的不同。大型企业的公司治理结构与小型企业的公司治理结构一定会有区别。企业组织结构的变化也会导致公司治理的差异。在网络经济条件下，某些企业组织结构由传统的层级组织向新型的网络组织转变，这种新型的网络组织是以专业化联合资产、共享的过程控制和共同的集体目的为基本特性的管理组织形式。治理对象的变化引起了企业治理形式的改变，治理形式由以科层组织为基础，股东会、董事会、经理层为主体的治理结构，向以中间组织状态为基础、网络治理形式的方向演化，互动和整合是网络治理的重要机制（李鹏，2005）。

第五，公司管理与治理的失衡会弱化治理。在现实中，公司治理主体与管理主体之间存在一定的竞争关系，治理主体想牢牢地控制管理，管理主体反过来也想操纵治理，由于管理主体具有信息等方面的优势，在治理与管理的关系中经常处于优势，这可能导致管理与治理失衡的现象，如公司管理人员占据大部分董事会席位，总经理与董事长职位合一，内部人控制等，这些现象的存在，降低了董事会的独立性，使公司治理受到削弱。

第六，高级管理人员对自身利益最大化的追求可能降低公司治理水平。如果委托人没有考虑到高级管理人员最大化其预期效用的问题，不能满足其保留效用，高级管理人员为了追求自身利益最大化，可能会采取某些策略影响公司决策，进而影响公司治理水平的发挥，如高级管理人员有选择性地向董事会及投资者传递信息、影响董事会的人选等。

第七，公司人力资源状况关系到公司治理作用的发挥。公司治理效能的实现依赖企业整体人力资源作用的发挥。公司高层管理人员既涉及公司战略的执行，又影响治理的激励与约束机制作用的发挥。中层与基层管理人员影响公司治理所需要信息的传递。员工的素质影响其参与公司治理的能力。

3.2 公司治理、公司管理与公司绩效

一、公司管理是公司治理对公司绩效的传导中介

从企业的产生及其发展过程来看，一个现代企业系统由两部分组成：一是企业形成时借助于市场构建的公司治理层级；二是企业形成后直接推动其发展的公司管理层级。从资源的角度看，公司治理涉及的是对资源作继市场之后的二次配置，管理是在治理的基础上对资源加以利用。

企业存在的根本目的就是创造尽可能多的财富，产生绩效。企业的要素所有者之所以愿意签订合约组成企业，其出发点就是要通过企业这种合约形式取得更多的回报。治理与管理作为企业系统中两个不同的层次必须服务于企业的这个初始目的，合理的公司治理的首要目的必须是有利于提高公司效益（邓洛普，2003），公司治理所要保护的投资者的利益及其他利益相关者的利益应以企业财富最大化为基础。

公司治理是公司各利益相关者为协调多边利益签订的一组契约，它主要在企业高层范围内运行，不直接对有形资产的使用负责，故治理不会直接创造绩效。管理居于企业系统中治理之下的层次，管理以治理为基础，对有形资产的运作负责，是企业绩效的直

接决定因素。公司治理虽然不直接创造绩效，但它可以通过设置监督、约束和激励等机制对管理施加影响，即通过管理间接作用于绩效。因此，公司管理是公司治理对公司绩效的传导中介。

下面我们以一个数理模型来说明公司治理通过公司管理对公司绩效的影响，即：

$$P = \beta + \alpha E + \varepsilon$$

其中，P表示绩效；β表示经营管理者的水平；α表示公司可利用资源的数量和质量；E表示经营管理者的努力程度；ε是随机扰动项，可以大于零，也可以小于零，总体期望值等于零。这个模型能体现出公司绩效与公司治理和公司管理的关系。虽然经营管理者的水平（β）与经营管理者的努力程度（E）属于管理范畴，但它们受公司治理的约束机制（如董事会有权决定高管层的任免）与激励机制（如董事会负责设计经理激励合约）影响，公司治理的激励与约束等机制出现问题，会影响公司合格管理者的选择，影响管理者积极性的发挥，进而影响公司绩效。

我们还可以通过过程来描述三者之间的联系：环境为企业输入资源，治理对环境输入的资源进行二次配置。公司治理不对公司绩效产生影响，它要通过影响管理作用于企业绩效。公司管理以治理为基础，通过对进入企业资源的直接利用创造绩效。在公司的实际运营中，公司治理与管理同时并存且相互交织、相互作用，共同为企业的存续和发展发挥着不可或缺的作用。

通过上述分析，我们知道，描述公司治理、公司管理与公司绩效的关系，对我们构建一个有利于绩效的公司治理是必备的知识。

二、公司治理对公司管理及公司绩效影响的逻辑关系模型

现有的公司治理研究已充分证实，公司治理是影响公司绩效的

因素，两者的关系表达式为：

$$P = f（GV） \tag{3.1}$$

其中，P 表示公司绩效；GV 表示公司治理。

如前面分析，公司治理不直接对公司绩效产生影响，它需通过管理间接作用于公司绩效。（3.1）式虽然明确地表达了公司治理与公司绩效的关系，但却省略掉了两者之间的作用过程，隐藏了两者之间作用关系的间接性，即：治理只有对管理产生影响，才能作用于公司绩效，发挥自身的功能。通过对（3.1）式的补充，得到下式：

$$P = f(M) \qquad M = f(GV) \tag{3.2}$$

其中，M 表示管理，即治理是影响管理的变量。

为了分析治理对管理的影响机理，我们需要对管理进行细分。管理可以被表述为，在某种管理前提下，运用管理职能对企业业务活动进行整合，以实现资源的有效利用并取得绩效回报的过程。由此可见，管理由三个要素构成：管理前提、管理职能和业务活动。

从管理的整体来看，不同的公司治理对管理的不同环节产生的作用不同，管理受到的影响也不相同。管理可根据受到的不同影响来调整自己的行为，进而产生不同的管理绩效。公司治理对公司管理及公司绩效影响的逻辑关系模型如图 3 - 1 所示。

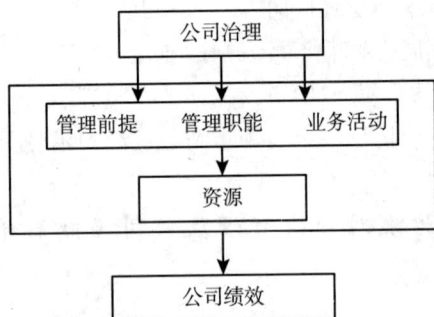

图 3 - 1　公司治理对公司管理及公司绩效影响的逻辑关系模型

　　在这里，有必要对管理前提、管理职能、业务活动与资源进行说明。

　　管理前提主要指企业文化，它属于价值范畴。西蒙认为，管理或决策以价值和事实为前提。企业文化是指企业在长期的实践活动中所形成的并且为组织成员普遍认可和遵循的具有本组织特色的价值观念、团体意识、行为规范和思维模式的总和。企业文化是企业运行所必须具备的。我们用 C 来表示企业文化。

　　最早概括管理职能的是法约尔，他认为，管理活动本身包括计划、组织、指挥、协调和控制五个要素，它们是企业有效运营不可缺少的，存在于企业的一切活动中，具有普遍性。这五个要素也就是五种管理职能。一百多年来，人们对管理究竟应具备哪些职能，观点不一。根据现有对管理职能的研究，结合时代的特点，笔者赞同管理职能应包括决策、计划、组织、领导、控制与创新五种基本职能的观点。我们用 Z 来表示职能。

　　管理所针对的业务活动包括产品研发、采购、生产、销售、人事、行政及投资等活动，它们以战略为指导，需要通过管理职能进行整合。我们用 O 来表示业务活动。

　　资源是企业运转所需的各种原料。它既包括人力资源也包括非人力资源。我们用 S 来表示资源。

　　由此，可以将（3.2）式进一步细化为：

$$M = f(C, Z, O, S) \qquad (3.3)$$

3.3　公司治理与公司管理的有机整合

　　企业制度发展到现代的股份制，治理与管理已像一对连体兄弟彼此不能分离。治理与管理是现代企业稳定运行的两个必备条件，两者通过相互制衡避免各自行为失度，但我们不应把目光只锁定在制衡上，还应该关心两者的协调、整合，后者是企业绩效提高与财富创造的动力和源泉。我们关注企业的绩效，就必须关注治理与管理的有机整合。

一、以绩效为导向的公司治理与公司管理的整合模型

公司治理与公司管理的系统整合如图 3 - 2 所示。

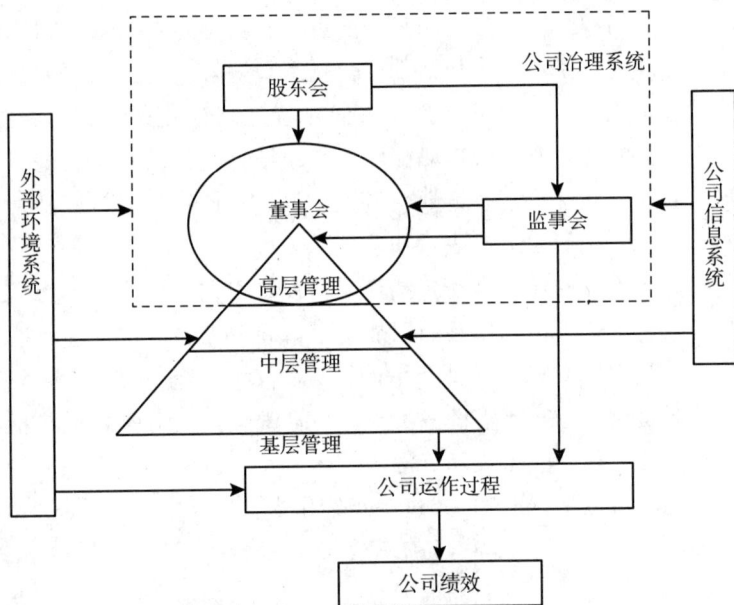

图 3 - 2　公司治理与公司管理的系统整合

在整合模型中，公司治理与管理被有机地整合在一起。公司治理系统由股东会、董事会、监事会、高管人员组成。股东会是公司最高权力机构，掌握着公司最终控制权，也掌握着董事与监事的任免权。董事会、高管层、监事会掌握着决策权、执行权、监督权。

公司的管理系统包括高层管理、中层管理、基层管理三个层次。公司治理通过决策、激励、约束机制对治理与管理进行整合。公司的高层管理部分是治理与管理联系最紧密之处。治理与管理整合的关键也在于此。在相互交接部分，公司治理与管理发生争夺。治理与管理的行为主体为了各自利益在此处角逐，这往往会打破平衡的格局，甚至不适当地进入对方领域。为避免竞争给企业带来过多成本，在企业创造绩效的过程中，治理与管理应既分工负责又相互合作，发挥彼此的作用，这样企业才能处于良好的运营状态。公司的管理系统、董事会、监事会都对公司的运作过程发生影响，它们的共同之处是对公司的运作过程进行监控，除此之外，管理还承担着指挥公司运转的职能。

企业外部环境对治理和管理都会产生影响。外部环境变化会引起企业的战略、组织和控制发生变动。外部的市场治理机制（资本市场、产品市场、经理市场）及政府对经济的干预会影响企业治理模式的选择。信息系统是联系公司治理系统和公司管理系统的纽带，是两者得以正常运转的基础，反过来讲，信息系统的完善及其作用的发挥也离不开内部科学、严密的组织管理和公司治理结构对它的引导与控制，三者之间形成一种相互依存、相互制约的关系。公司信息形成与传递系统不只限于企业集团内部的财务会计系统，非财务会计系统（如人事部门）的产生和传递的信息也包括其中。

这里需说明的是，董事会为什么用环形来表示？环形意味着董事会成员处于平等地位，董事会的决策需要投票来进行，董事长只是会议的召集人，他与其他成员的关系不是隶属关系，他的权利与其他董事是平行的，他不能左右董事会的工作。

二、公司治理与管理整合的关键点

公司治理系统与公司管理系统需要相互适应，一个长期有效的公司管理系统需要一个完善的公司治理系统支持，同样，一个完善的公司治理系统也需要公司管理系统的配合。要实现公司治理与管理的有效整合，应重点关注以下四个方面。

第一，股东与管理者目标的整合。未经整合的股东与管理者的目标会导致他们利益的冲突。任由这种目标不一致状况发展，会给企业造成相当的危害。管理者为了获取更大的控制权收益，向股东隐瞒信息，甚至有的高管层控制董事会为自己谋利。股东在无法向管理者施加影响的情况下，可能会撤换高管层，也可能转移企业的控制权，无论哪种情况发生都会给企业带来动荡。公司治理主体可以通过与管理层谈判，通过设计有效的激励机制使股东与管理者的目标一致。

第二，协调好股东与管理层追求企业绩效的时间。股东与管理层谁更关心企业的长期利益呢？从总体上讲，股东作为企业资产的所有者，他们应该关心企业的长期价值增值。在日本、德国，由于以银行及其他法人持股为主，股东更关心企业的长期价值增长。在美国，虽然有众多股票短期持有者，但到 20 世纪 90 年代中期，美国机构投资者的股权已经达到 1/2 以上，机构投资者更关心的是企业的长期价值增长。不管持股结构怎样，因为股东与企业的终极所有权相关，从理论上讲，他们与企业长期的利益关系更密切，因而追求企业绩效的时间更长一些。企业的管理者追求企业价值的时间受其合约期限的影响，比股东要短，因此，两者在利益追求上的时间不一致。可以通过管理者的薪酬组合设计来平衡股东与管理者之间的长期利益与短期利益冲突，减少他们追求企业绩效时间上的不一致性。企业的薪酬组合包括工资、奖金、津贴、限制性股票与股票期权等。

第三，通过完善公司内部的管理控制系统提升公司治理质量。公司内部管理控制系统包括各种规章制度、标准、计划、方案的记录及其执行情况和财务统计结果等。管理控制系统是公司治理主体及时了解公司管理情况的信息来源。若内部管理控制系统不完善，则企业治理的决策与监督控制职能就很难有效发挥作用。可以通过合理制定内部控制标准体系、健全企业内部审计和内部报告制度以及明晰各有关岗位、部门在内部控制系统的职责等措施来完善企业内部管理控制系统。

第四，通过发挥公司治理监控机制的作用来推动管理实现既定的目标。公司的内部监控机制是通过股东大会、董事会、经理层和监事会发挥作用的。董事会、监事会须不断地监控管理活动，以确保组织达到既定的目标。企业内部控制系统有义务向股东会、董事会、监事会和外界传递及时准确的信息。

公司治理与管理涵盖了企业的产权制度、法人制度、组织制度、管理活动和业务活动等全部内容，形成了企业的主体框架。随着框架内各利益主体对财富的追逐，这一框架会出现均衡与不均衡相互交替的状态。但无论出现哪种情况，实现管理与治理良性互动才是企业绩效提高的源泉。

研究公司治理与公司管理的双向互动作用，可以给我们很重要的启示：一是要高度重视公司治理与管理互动的特性。公司治理不是建立起一个结构、一年开几次会议就完成任务，它的任务是保持关注公司的发展方向和监控管理的质量，并在决策、规则、机制方面为管理提供保障。公司管理也应时刻保持对治理的敏感性，它要依据公司治理的决策和建立的机制规则及其平时的监管，决定自己的对策和行为。二是要实现公司治理与公司管理两者的均衡。公司治理过于强硬和僵化会影响到管理作用的发挥与管理创新；反过来，管理层权力和利益的膨胀也会影响到股东大会、董事会的决策和董事会的结构，从而使公司治理的作用受到挤压。三是加强公司治理和公司管理间的沟通与有效的整合。在不影响公司治理行使监督职能的情况下，进行有效的整合是企业赋予公司治理与管理的重要使命。为企业赢得绩效，是公司治理和管理共同的重要责任，它也是两者有效整合的内在驱动力和要求，公司治理与管理双向互动机理的研究为两者的整合提供了理论上的指导。

第4章

公司治理的有效性分析

公司治理的有效性决定了公司绩效的稳定性和成长性。对公司治理有效性的深入研究，既可以丰富公司治理研究的理论内容，也可以为公司治理实践提供指导和借鉴。在分析公司治理与公司绩效传导机制的基础上，本书提出了对公司治理有效性内涵的新的认识。

4.1 以治理与管理关系为视角的公司治理有效性的扩展性界定

就笔者所查阅的文献来看，到目前为止还没有人对公司治理有效性进行规范的定义。现有文献在探讨公司治理有效性的时候，一般围绕两个方面，即公司治理在实现公司目标方面的有效性及公司治理内部构成的有效性。公司治理在实现公司目标方面的有效性是指公司治理对公司价值增值方面的贡献。公司治理内部构成的有效性是指构成公司治理各组成部分的有效性。公司治理内部构成的各部分包括资本结构、股权结构、股东大会、董事会、监事会、经理人激励与约束等方面。如判断董事会的有效性，可以从董事会的独立性角度来判断，许多学者认为在结构与行为方面表现出独立性的董事会是有效的。

在公司治理有效性的研究方面虽然取得了一些成果，但也存在明显的不足，如现有的公司治理有效性的研究没有回答这个问题，即治理结构与机制相似的企业为什么绩效差别很大？就笔者的观察而言，现有公司治理有效性研究的一个明显缺陷是割裂了治理与管理之间的关系。例如，从公司治理的角度人们都非常重视董事会在战略形成方面权力的运用，但却忽视了如何制定更有效的战略及如何更有效地实施战略，做到后者需要管理与治理方面的结合。治理需要通过管理来实现，管理需要治理来保障，发挥治理的有效性必须加强管理。从治理与管理的结合角度，我们才可以从一定程度上回答为什治理相似的公司绩效差别却很大。企业间绩效的差别，不仅受企业间治理差异的影响，也受治理对管理传导的影响。可以这样认为，管理是治理实现的手段、方式和途径，没有取得好的绩效的治理在某种程度上是由于管理的基础不实。因此，讨论治理的有效性，不能离开管理，不能离开治理与管理的关系，不能离开治理对管理的传导机制。

通过以上分析，我们可以扩展对公司治理有效性的界定范围，即公司治理的有效性是指，公司治理在实现公司的目标方面是有效的，公司治理的内部构成是有效的，公司治理对管理的传导是有效的。

有效的公司治理可以为企业带来很多益处，例如，它可以保证企业高质量的决策；可以使企业有规则地避免不必要的风险；可以使企业找到胜任的领导，并保证其在工作中能够长期称职；可以使管理者受到足够的激励，并能发挥他们的创造力；可以使管理者向企业内外提供高质量的信息；可以使企业利益相关者更加关注企业长期的效益；可以使治理适合企业的历史和文化；可以使相关各方正确地运用权力，避免权力集中和失控给企业造成的波动；可以包容人们的弱点，发挥大多数人的才能。

4.2 公司治理有效性的标准

公司治理模式有很强的地域性，如英美模式与德日模式。英国与美国是外部控制主导型的公司治理，德国与日本是内部控制主导型的公司治理，两种类型的治理模式在内部治理与外部治理方面存在重大的差别。即使在一个模式内，不同国家的公司治理也存在不同的特点，如在董事会的特征方面，日本是业务网络模式的董事会，德国是双层制董事会。再进一步讲，一个国家不同类型企业的公司治理也有区别，如我国国有企业中出现的内部人控制型公司治理，民营企业中存在的家族式治理。不同的文化、历史与制度形成了不同国家的治理模式，不同的所有制结构、企业规模在一国企业间形成了不同的公司治理特点，这些不同是否会导致难以形成统一的公司治理有效性标准呢？笔者的观点是：不同的公司治理之间存在一致的有效性标准，这是因为不同的公司治理存在一致性的目标并要发挥相近的功能，公司治理的目标已在上文提及，公司治理的功能包括进行科学的决策、选拔称职的管理者、使管理者与监督者正确地运用权力等。正如我国学者王国成指出的那样："虽然影响治理效率的因素很多，但高效治理结构仍有一些基本的共性。"①治理一致性的标准体现了公司治理的共性。这些标准是我们关注公司治理的焦点，任何类型的公司治理都应置于焦点之上，供人们分析。通过对公司治理实践的观察及参阅现有的相关研究成果，笔者提出以下有效公司治理的标准。

第一，剩余索取权与控制权的对应程度。剩余索取权是对企业收入在扣除所有固定的合同支付之后的余额的要求权。剩余索取者

---

① 王国成.效率导向的企业治理模式选择.世界经济.2003（9）：64

承担着边际上的风险，因为剩余既不确定又没有保证，有可能在偿付一些固定合同之后，企业收入就已被扣清，不存在剩余了。控制权是参与者对公司活动影响的权力。奈特等经济学家注意到，效率最大化要求企业剩余索取权的安排和控制权的安排应该对应。股东是企业剩余索取者，按理说他们应当最有积极性参与企业决策，但由于股东置身企业之外，且由股东大会实施公司管理成本高昂，他们一般是将管理公司的权力委派给董事会，很多情况下，股东们的参与与他们的法律地位并不相符。纯粹的债权人只是在企业处于破产的情况下才参与企业经营，这时他们作为企业真正的剩余索取者，要参与企业决策并为决策承担风险。作为企业经营的真正指挥者，经营者才享有企业实际的控制权，为了让他们对自己的行为负责，就应赋予他们一定的剩余索取权，让他们承担相应的风险。因此，要使公司治理有效，最根本的一条就是使剩余索取权与控制权相对应，并且是最大可能的对应。但全部对应很难实现，因为对现代较大企业来讲，所有者直接参与企业经营带来的收益已经小于具有专业知识和技能的职业管理者经营企业带来的收益。

第二，公司治理与管理的整合程度。在现代公司里，治理与管理共同存在，两者结合形成了广义上的管理系统，任何一方面要发挥作用都离不开这个系统的支持，这个系统是否有效依赖于两者的整合程度。现实的情况是，治理与管理所形成的系统时常随着系统内各利益主体对财富的追逐出现失衡与效力被削弱的状态，所以需要人们有意识的对两者进行整合。公司治理与管理在目标方面、决策方面、组织方面、观念方面和控制等方面都需要进行整合，整合的效果直接对公司绩效造成影响。

第三，公司治理组织结构的整体协调性。公司治理结构是由股东会、董事会、监事会与经理人员构成的组织结构，董事会又下设审计委员会、执行委员会、报酬委员会及提名委员会等次级委员会。这些部门之间能否协调运转，关系到治理结构的整体效率。公司治理组织机构的设计与规模设计，部门与人员的分工，领导与成员的挑选以及相关的议事程序，涉及一系列的制度安排，这些制度安排是治理结构整体协调运转的基础，它能保证治理结构是靠组织的有效性在运转而不是依赖个人的权威。全美公司董事会联合会（NACD）认为，公司治理结构的效率取决于结构的内部分工与协作的质量。

第四，公司治理的适应性。公司治理要有效地发挥作用，必须具有适应性。公司治理的适应性表现在两个方面：一是公司治理特点要适应现实的条件，并且要随着环境的变化不断地创新，如日本的公司在东亚金融危机之后引进了独立董事制度，以此校正内部经理权力过分集中的不足。二是董事会的决策要具有环境的适应能力，企业的决策必须动态地适应企业内部与外部环境的变化。

第五，公司治理的能动性[①]。一个有效的公司治理需要具有充足的动力。具体表现为相关各方都有参与公司治理与管理的积极性。公司治理需要积极的股东。积极的股东应有动力和实力行使股东监控的权力。股东的被动不是优点，因为他们把所有的权力都交给了董事会和管理层，这样，随着时间的推移，他们要接受不必要的风险。有效的公司治理需要勤勉尽职的董事，董事是企业内部治理的主导者，他们的态度和行为直接决定了内部治理的效能，董事的积极性是与他们的报酬体系和考核体系相关的。有效的公司治理也应能够发挥经营者的积极性与创造性。所以企业的有效运转需要公司治理各方积极地参与。

第六，公司治理的责任性。企业的管理者行使着巨大的权力，他们应该对权力的使用负责。有效的公司治理应能保证管理层在行使权力时能真正对其决策和行为负责，使必要的治理标准得到保证，并且在管理层达不到治理标准时能及时提供补救措施。董事会

---

① 这里的能动性是指公司治理要发挥参与各方的积极性。

凭借对管理层的任免权约束管理者对其行为负责。一个内部平等的委员会才有可能真正具有一个内在的过程来确保责任性，并且在不用牺牲太多企业家精神的情况下实现这个目标。除了管理者外，董事、股东与监事都应对企业的运行负责。一个正确运用权力的体制对企业的稳定发展至关重要。里昂证券认为，董事会的问责性是评价董事会的一个重要标准。

第七，有利于企业获取长期利益。从短期看，许多参与者的利益是不同的，有时甚至是矛盾的。一些上市公司管理层为了迎合股东的好恶，将精力集中在短期业绩上，牺牲了企业的长期利益和竞争能力。只有从长期来看，股东、基金经理、董事会、公司、员工和国家的利益才是一致的，他们都依赖于企业长期的繁荣。公司治理应当运用有效的方法使它的各组成部分为实现企业的长期利益努力。例如，董事会采用能准确衡量公司长期发展绩效的指标来考核管理层，可避免管理层为了短期利益而损害公司的长远发展。

第八，公司治理应能处理好股东之间及不同利益相关者的关系。有效的公司治理应能有效地处理好股东之间的关系。按持股比例可以把公司的股东分为大股东与中小股东。不同的持股比例，反映的不只是单纯的数字比例，它更重要的是显示了股东之间的权力关系。除了股东与经理间的代理问题外，大股东对中小股东的盘剥也是公司治理要解决的重要问题。这里的大股东指的是企业的控制性股东。有些企业的大股东不顾企业的整体利益与长远利益，采取各种手段侵占企业财产，损害了中小股东的利益，阻碍了企业发展。公司治理可以通过完善独立董事制度、加强企业信息透明度等方式来防范控制性股东的盘剥行为。美国标准普尔公司认为，董事会结构和组成的标准是应当确保全体股东的利益被公平、客观地代表。利益相关者理论认为，企业不仅是营利性组织，它也应是社会责任的组织，公司存在的目的不是单一地为股东提供回报，它也应当照顾到其他利益相关者的要求。

　　第九，代理成本的高低。委托人与代理人间的利益冲突、信息不对称与所订契约的不完全，必然导致代理成本的产生。代理成本包括委托人与代理人间的缔约成本，委托人对代理人的激励成本、监督成本及不能完全控制代理人行为而引起的剩余损失等。代理成本中的缔约成本、激励成本、监督成本比较容易受到控制，代理人经营企业的成本具有高度风险性和不确定性，在信息不对称的情况下，不易被委托人发现。企业治理无论采取什么方式，都需要花费一定的治理成本，不同在于成本高低的区别。按照 Jensen 和 Meckling 的理论，代理成本与公司的价值是成反比例的。在代理成本不能为零的情况下，代理成本的高低就成为检验公司治理有效性的一个标准。

　　第十，决策的合理性。公司治理结构的不同层次都须进行决策，只是重要的程度不同。重要的决策由股东会与董事会作出，日常经营管理决策由经理层做出，三者构成了一个决策体系。决策关系到资源的配置，关系到对机会的利用，关系到企业活动的方向、内容与活动方式，对企业的影响是根本性的。决策是公司治理的重要职能，有效的公司治理要保证决策的合理性，如独立董事制度就是为了保证决策的公正性与合理性。

　　以上所提的这些标准是一些具有普遍性的原则，所有的公司治理体制都应接受它的检验。

4.3　公司治理有效性的实现

　　具体而言，公司治理有效性的实现可以细化为公司治理各构成因素有效性的实现。应当指出，本书这里重点关注的是资本结构、股权结构、董事会与经理人的激励等因素。股权结构、董事会与经理激励基本上反映了公司治理实践的概貌，因为这些方面全面涉及了股东权利的行使、董事会的职能发挥及经理层行为等公司治理的核心部分。另外，资本结构也一直是本书研究时关注的重点，因为它关系到债权治理及公司治理的重要机制。为了突出本书研究的重点，笔者只对以上所提到因素有效性的实现进行探讨，其他方面暂不涉及，拟在后续研究中深入探讨。

一、股权结构有效性的实现

股权结构是指企业股权的分布状态，具体指不同类型的股东及其所持企业股份的比例关系。股权结构通过影响公司治理中的激励机制、收购机制、代理权争夺机制及监督机制发挥其效能，与公司绩效相关联。

在所有权与经营权相分离、股东与经理的利益存在冲突的情况下，公司需要形成一种有效的监督机制确保经理的行动与所有者的目标相一致。不同的股权结构对监督机制的影响也不一样。在公司股权分散的情况下，由于监督成本高，小股东不能有效地对经理进行监督，这种情况可能造成经理人行为背离股东利益，从而影响公司的绩效与价值实现。而在股权集中且有绝对控股股东的情况下，对经理人的监督一般比较有效。因为控股股东既有动力（他拥有大多数的股份）又有实力（作为公司的控股股东）去监督经理人，在必要的时候还可罢免不负责任的经理人。但当控股股东与公司经营者合一，其他股东均为小股东时，经理人将处于疏于控制的状态，因为小股东无力对控股股东进行监督。当公司股权相对集中、有相对控股股东时，对经理人的监督一般也是有效的。为了自身利益，相对控股股东会积极地监督经理，在某一相对控股股东的代表占据经理地位的情况下，其他大股东会积极关注经理的行为，一般不会像小股东那样存在"搭便车"的心理，因为对于他们而言，监督带来的收益往往要大于监督带来的成本。

　　股权结构不同对激励机制的影响不同。在股权分散的公司，企业控制权一般掌握在经理手里，经理人员掌握很少的股份或没有股份，他们的利益和股东的利益很难保持一致。在股权相对集中，有相对控股股东的公司，对经营者的激励就需要具体分析。相对控股股东持有一定比例的股份，有一定的积极性去经营好公司，追求更好的经营绩效。但由于他持股的比例不是特别大，这导致了他由于利己行为给公司造成的损失大部分由其他股东分担，而不当收益由自己全部获得。这样，相对控股股就会进行权衡，如果他在企业中的利己行为带来的不当收益大于其所持股份带来的损失，他就会采取有利于自己而不利于公司的经营活动，反之，他会采取有利于企业的行为。在股权高度集中、存在绝对控股股东的公司，控股股东一般会亲自或派出自己的代表参与公司的经营活动，掌握公司的控制权。在这种情况下，掌握公司控制权人的利益与股东的利益呈现出高度一致性。

　　公司间的购并是对经营者的一种极为重要的约束。在资本市场上，经营不善的企业可能被其他企业收购兼并，企业被并购后，原企业的经营者极可能被撤换，从而失去企业的控制权收益。股权结构对购并机制有很大的影响。一般情况下，股权分散对收购十分有利，因为不存在大股东设置的收购阻力，另外，股权分散易使标价收购成功。在股权相对集中、有相对控股股东的公司，外部收购者可能会遇到较大阻力，公司大股东经常为自身利益采取反收购行动，如提高收购价格等。但当收购者是公司大股东时，则收购成功的可能性很大，这是因为，一方面，收购者已拥有公司较大的股份；另一方面，他更了解目标公司的信息，可以采取有效的收购措施。当公司股权高度集中、有绝对控股股东时，公司被成功收购的可能性很小。控股股东的高比例持股及其采取的反收购措施会大大增加收购者的成本。

　　公司经营者会受到来自外部的代理权竞争机制的约束。代理权竞争是一种重要的治理机制，是约束经理的重要手段之一。股权结构对代理权竞争机制发挥作用的大小有重要影响。在股权高度集中、有绝对控股股东的公司，代理权竞争机制发挥作用的余地很小。只要大股东信任自己委派的经理，其他人要取代该经理就很难成功。只有在经理失去控股股东信任时，代理权才有易位的可能，但这种易位也是在控股股东主导下进行的。在股权相对集中、有多个较大股东的公司，代理权的竞争机制有效发挥作用的可能性最大。这体现在：一是由于不是绝对控股，相对控股股东地位不是十分稳固，在经理人业绩不佳时，他不能保证经理人的位置不变；二是拥有一定股权的大股东，利用自身的优势，提出有说服力的改善企业经营的对策，容易获得其他股东的认同，从而赢得他们的支持，使自己提出的代理人当选；三是有实力的大股东为了自身利益主动去发现经营者在经营中存在的问题，对不称职的经理会提出更换的要求。在股权高度分散的公司，代理权竞争机制发挥作用的余地也不大。所有权与经营权的高度分散使经营者在企业中占据有利地位，与股东相比，经营者既拥有充分的内部信息也拥有企业的实际控制权，再加上小股东"搭便车"的心理动机，经营者被替换的可能性很小。

二、资本结构有效性的实现

资本结构是指股权资本与债权资本的比例关系，它通过投资与借贷形成股东、债权人和经营者之间相互制约的利益关系。从融资的角度看，除了依靠股权控制解决治理的问题外，债权融资也有助于公司治理问题的解决。资本结构通过影响公司治理机制对公司绩效发挥作用。

资本结构可以对激励机制产生影响。提高资本结构中的债权融资份额可以提高经理人的持股比例，增强经理人和股东利益的一致

性。我们通过两类情况对此进行分析：第一种情况是公司资产全部
由股东出资形成，即资产全部为所有者权益。在这种资本结构下，
按詹森和麦克林的观点，经营者与股东的利益不一致性最大，代理
成本最高。代理成本理论对此问题的解决方法是让经营者也有股
权。随着经理股权比例的增大，外部股东与经理间的利益冲突得到
缓解，代理成本随之降低，债权融资可以达到增加经营者股权的目
的。第二种情况是在公司资产中引入负债，这时公司的资产由负债
和所有者权益组成，债务的引入增加了经营者的持股比例，与第一
种情况相比，经营者与外部股东的利益趋向一致。在这种情况下，
债权人为了自己能获得稳定的收益及自己的财产不受损失，也有积
极性参与到公司治理中来。另外，提高资本结构中的债权融资份额
可以提高经营者的股权收益。股权拥有和股票期权越来越成为公司
激励经理的常规方法。提高资本结构中的债权融资份额会对这种激
励产生积极的影响。可以用数学模型来说明这种影响：设经理的股
权融资金额为 i，其他股东的股权融资金额为 j，股权融资总金额为
i＋j，经理持股比例为 i/(i＋j)，公司债权融资金额为 c，公司的资
本收益率为 x，债务利息为 y，其中 x 和 y 为百分数，且 x > y，则
经理的股权收益率为：

$$G = \frac{i}{(i+j)}[(i+j)x+(x-y)c]$$

也即　　　　　　　$$G = ix + \frac{i}{(i+j)}[(x-y)c]$$

　　从公式可以看出，随着债权融资 c 的增加，经理的股权收益也
趋增加。当公司的债权融资达到足够且合理的数量，会大大提高对
经理的激励，进而减小代理成本，企业绩效随之提高。
　　资本结构可以对约束机制产生影响。在完善的市场经济条件
下，对企业的经营者而言，债务比股权具有更强的约束，这是因
为：一方面，债务是需要还本付息的，它可以减少经理支配的自由

现金流量；另一方面，这种压力可以限制企业的不盈利投资和低效率的扩张。债务也可以被视为一种担保机制，因为一旦企业破产，经理将丧失职位带给他的一切利益，承担破产成本。这种担保机制可以提高市场和投资者的预期，从而提高企业的市场价值。债务的信息传递也会影响到所有者对经营者的约束。经营者与所有者之间的信息是不对称的，经营者知道企业的真实信息，外部投资者不一定知道。经营者希望外部投资者知道关于企业好的内部消息，以使其从中受益，如果投资者知道不好的消息，有可能使经理遭受损失。外部投资者很难判断经理所传信息的真假。债务的引入在一定程度上缓解了所有者与经营者之间信息不对称的程度，为投资者提供一种显示企业真实经营情况的信号，这是因为，资本结构是一种成本高昂的信号传递工具，此外，债权人在把资金借给债务人时要充分了解企业的情况，经营状况好的企业才能得到借款。高质量的企业倾向于使用负债融资，而低质量的企业更多地依赖股权融资。企业负债与权益的比率向投资者传递了企业经营状况的信号，这有利于利益相关者正确评价企业经营状况，形成更有效的对企业经营者的约束机制。

资本结构可以影响到监督机制。债权人（尤其是银行）把资金投入公司，变成专用资产后，为了获取稳定的利息和保证资产不受损失，他有动力去对经营者进行监督。极端情况是，当企业无力偿债时，即当"$s < i < s + a$"时（其中，i 为企业总收入，s 为工人工资，a 为债权人合同支付），企业控制权转移到债权人手里，这有利于加强对经营者的监督，防止经营者继续侵蚀投资者的利益。债权人对企业的监督与控制减少了代理成本，有利于提高企业绩效。负债代理成本的存在，使负债与公司绩效间的公司治理传导效应不一定都是正向的。面对债务人的道德风险与资产替代效应，债权人会增加对借款的限制或提高债权价格，这会导致企业负债代理成本的增大。债务代理成本的加大可能会打破良好的公司治理均衡，抵

消掉部分正向治理传导效应，甚至使公司治理传递效应变为负值。当企业面临巨额债务时，企业的经理和股东可能会将资金投到高风险的项目，企业面临巨大威胁。

三、董事会有效性的实现

企业是一个合约组织，公司治理结构是企业治理过程中的一个内部合约安排。公司内部治理结构分为股东大会、董事会、经理层三个层次。股东大会是公司的最高权力机构，由于由股东大会实施公司管理的成本高昂，所以股东大会不是常设机构，股东们一般是将管理公司的权力委派给董事会，股东大会与董事会之间的关系是委托代理关系，它委托董事会来负责管理企业。董事会代表股东掌握对企业的直接控制权，为公司的权益资本和管理雇用契约提供治理上的安全措施。在公司内部治理结构中，董事会处于核心位置，向上接受股东的委托承担信托责任，向下监督经理的工作。董事会承担的工作职责有：参与制定企业的战略决策；制定企业的政策与制度；监督和激励企业的主要经理人员；等等。董事会下设专业委员会，各专业委员会分别承担董事会的不同职责。

如何建设有效的董事会是公司治理研究的主要课题。探讨董事会的有效性，可以这样思考，董事会行为不同会引起公司的绩效不同，而董事会行为受董事会特征的影响，这就变成了如何找到优秀董事会的特征，进而为董事会建设提供方向。我们可以用如下数学方程式来描述董事会特征以及董事会行为与公司绩效的关系。

$A_{t+s} = \Phi C_t + \varepsilon_t$　　　（1）不同特征董事会，其行为不同

$P_{t+s} = \beta A_t + \eta_t$　　　（2）不同行为的董事会，其绩效不同

$C_{t+s} = \mu P_t + \delta_t$　　　（3）公司绩效反过来会影响董事会特征

$P_{t+s} = \beta(\Phi C_t + \varepsilon_t) + \eta_t$（4）董事会的特征会影响公司绩效

其中，C 代表董事会的特征（如董事会的构成、规模和领导结构）；

A 代表董事会的行动（如对 CEO 的任免）；P 代表公司绩效（如利润）；t 代表时间（s≥0）；Φ 和 μ 是需要测算的参数；ε、η 和 δ 代表随机干扰项。

董事会结构、规模及领导权结构是董事会特征的三个主要方面，董事会有效性实现的分析可以从这三个方面展开。

董事会结构表现为董事类型构成与职能分工结构。董事类型构成指内部董事与外部董事在董事会中的构成情况，即内外部董事的比例；职能分工结构指董事会内部的职能分工情况。董事会内部按职能可以划分出几个委员会，如执行委员会、提名委员会、审计委员会等。各委员会有各自独立的成员和职能，向董事会负责。

内部董事与外部董事对公司绩效的影响各具优势与劣势。董事会有内部董事的优势是：一是了解企业内部信息，这可以提高董事会决策的质量和效率。二是有利于 CEO 的选聘。让未来 CEO 的候选人加入董事会，可加强内外部董事对他们的了解，为公司未来选拔适合的 CEO。董事会中的内部董事过多也会给公司带来问题：一是容易造成内部人控制，产生背离整体股东利益的行为；二是降低董事会的独立性，不能客观公正地评定经营者的业绩。

从理论上讲，外部董事比率与公司绩效应呈正相关关系①，这是因为：第一，资源依赖理论认为组织的成功来自于其内部的组织结构与外部环境相匹配。一个组织从外界获取的资源越丰富，其对外部环境依赖程度越低，其成功的可能性也越大。从这个角度来讲，构建有外部董事的董事会可被视为企业的一种环境战略，它可以使企业与外部环境及关键资源获取之间的联系得到加强，因为外部董事是各方面的专家或具有对企业有利的社会背景，这可为企业的外部资源获得提供重要帮助。第二，董事会中的外部董事在监督

---

① 实证研究并未充分支持该观点。

经营者方面会发挥关键的作用。委托代理理论认为，董事会作为股东的代理人，应能对经营者进行有效的监督，以减少代理成本。外部董事不在公司任职，与经理层关联较少，能有效制衡经理层，并对其业绩进行公正的评价。第三，外部董事不拥有或很少拥有公司股份，不代表特定群体利益，公正性强，可以在一定程度上保护全体股东尤其是中小股东的利益。外部董事的不足在于对企业的内部情况了解得不够。

　　在逻辑上分析出不同类型董事的作用之后，接下来要探讨的重点是，针对公司绩效是否存在一个合理的董事会构成比例。很遗憾，正如我们前面有关董事会结构与公司绩效关系的综述所言，学者们的实证研究得出了不一致的结论。为什么出现不一致的情况？笔者认为是由于影响董事会结构因素的复杂性造成的，也就是说，影响因素的差异导致了董事会结构的差异。

　　我们可以把影响董事会结构的因素分为三个方面：社会环境因素、企业内部因素、绩效因素。

　　社会环境因素包括：法律制度、产业特征（如产业对企业创新的要求）、环境特征（不确定性）。

　　企业内部因素包括：公司战略，如多元化战略依赖董事的知识经验；股权结构，如日本股权集中的企业对独立董事的要求较弱；企业文化，如强调社会责任的企业对外部董事的要求较弱；企业规模与发展阶段，如年轻、规模小的企业重视内部董事，已发展壮大的企业需要引进外部董事；融资结构，如对公司借款的金融机构派进企业的被提名董事。

　　从企业绩效的角度来看，公司的业绩比较差往往会刺激公司改造它的董事会，增加外部董事的数量和比例。

　　董事会构成的影响因素如图 4 - 1 所示。

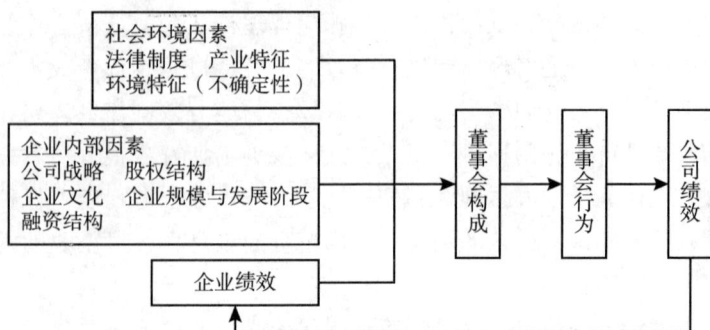

图 4-1 董事会构成的影响因素

对影响董事会结构因素的分析,为我们构造合理的董事会提供了理论指导。

根据外部董事在董事会中比例的大小,可以把董事会分成四种类型:几乎全部由内部董事构成的董事会,如日本企业;多数由内部董事组成的董事会,如我国企业;多数由外部董事组成的董事会,如美国公司;双层董事会,即经营层与董事完全分开,如德国公司。

董事会的规模是指董事会成员的多少。如第 2 章文献回顾所述,几乎所有的研究都认为董事会规模与公司绩效之间具有相关性,但对相关的方向持不同的观点。现有研究的缺陷在于过多纠缠大和小的区别,简单、片面地分析问题,没有给出一个完整的分析框架。

笔者认为,要确定一个有利于公司绩效的合理的董事会规模,不应只单纯地分析规模大小的利弊,而应充分考虑到影响董事会规模的各种主要因素,从权变的角度出发,相机制宜地确定董事会的规模,才符合实际情况。具体的做法是,先分析影响董事会规模的各种因素,然后结合企业具体情况,在权衡董事会规模大小给企业带来的成本、收益的基础上,有针对性地确定有利于公司绩效的恰当的董事会规模。

影响董事会规模的因素可以概括为三个方面：企业外部因素、内部因素及企业以往绩效。

外部因素主要包括：一是法律制度。各国公司法对董事会的人数都有相关规定，我国《公司法》规定的人数是 5~19 人。二是行业性质。如美国标准普尔 500 家公司中，金融服务公司董事会平均规模最大，董事人数超过 14 人；技术公司平均董事人数最少，不足 9 人（美国投资者责任研究中心，1998）。① 三是环境特征。环境特征是指企业面对环境的不确定性。Boyd（1997）发现，在高度变化的环境中，小规模使两职合一的董事会做出更高效的反应。四是企业兼并。企业被兼并后，被兼并方的董事离职会带来董事会规模的变化。

内部因素主要包括：一是公司战略。如公司在采取集中战略时，因为主要依靠内部的技术，董事会规模偏小。公司开展多元化战略，为了有效地利用资金、技术等资源，董事会规模趋大。二是董事会的内部机构设置。根据董事会的职能和作用，可以在董事会内部划分出几个职能委员会，如执行委员会、提名委员会与审计委员会等。职能委员会设置多的比职能委员会设置少的规模要大。三是企业规模与发展阶段。企业发展初期，规模小，对决策要求的时效性强，小型董事会更适于企业发展要求；随着企业规模的扩大，企业面临着日趋复杂的环境，要求有不同知识、经验与能力的人进入董事会，董事会规模随之扩大。四是 CEO 的态度。在 CEO 比较强势的董事会里，董事会的大小受 CEO 态度的影响。Pfeffer（1972）指出，多数情况下，董事会成员由经理人挑选，在很多实

---

① 美国投资者责任研究中心.1997 年董事会实务：标准普尔 1500 家超大型企业的实践.载梁能主编.公司治理结构：中国的实践与美国的经验.北京：中国人民大学出版社，2000，267

践中，经理层控制着董事会。

以往公司绩效的影响主要指：当公司的业绩较差时，董事会往往被调整；较差的业绩常会导致外部董事数量的增加或董事会成员比例的增加。董事会成员的调整经常引起董事会规模的变化。

除以上主要因素之外，资本结构、外部压力等在不同企业之间的差别也较大，它们会直接或间接影响到董事会的构成。

董事会规模变化引起的成本包括董事会运转成本、监督成本、决策成本等。董事会规模变化带来的收益指由此带来的公司绩效的改善及代理成本的降低。通过对影响董事会规模因素的分析及公司自身情况的分析，可以更加合理地判断董事会规模对企业成本与收益的影响，由此确定企业董事会的规模，以避免对董事会规模大小进行泛泛的决策。

董事会的领导结构是董事会特征的第三个方面，它是指公司的董事会主席与总经理是不是由同一人兼任。如果两个职位由一人兼任，董事会领导结构被称为"一元结构"；如果两个职位由不同的人担任，董事会领导权结构被称为"二元结构"。董事会的领导结构对董事会效率及公司整体绩效也会形成重要影响。

依据不同的理论基础，可形成对董事会领导结构的不同观点。代理理论从防止代理人机会主义倾向出发，明确地提出应当两职分离。现代管家理论从自我实现人性假设出发，认为董事长与 CEO 职务合一更有利于公司绩效。资源依赖理论从企业对环境依赖的角度出发，认为董事会领导权结构要视环境的状况而定。

笔者认为，孤立地判断两职是分离有效还是合一有效的做法不符合事物的真实状况，有可能犯先入为主、主观臆断的错误。正确做法应该是，先找到影响两职状态的因素，然后根据企业的真实情况，在分析两职不同状态的成本收益之后，对董事会领导结构做出合理的判断。

影响两职状况的因素有如下方面：一是股权结构。股权结构对两职状况会产生影响，如对于中国大部分上市公司来说，国有股与法人股股东具有数量优势，他们对两职的选择有非常大的影响。由于现实中缺乏有效的监控企业的机制，为了保证董事会监控的独立性，他们倾向于实行两职分离。二是董事会与监事会的特点。董事会和监事会是监控经理的两个重要的机制，它们与两职状态存在一定的替代关系。外部董事比例越高的公司，董事会越具有独立性，监督能力越强，两职越趋向合一。同样，监事会规模越大，监督能力越强，两职越可能合一。董事会规模大，董事会容易被总经理控制，在这种情况下，为了防止董事会被经理层控制，两职倾向于分离。三是行业特点。如技术产品更新快的行业，两职合一对其有一定的益处，因为两职合一有利于提高企业的创新自由度。四是环境的不确定性。如处于动态环境中的企业，两职合一能提供一定帮助，两职合一高的决策效率能加强企业的应变能力。五是市场发育状况。成熟度高的经理市场、产品市场、资本市场会对经理层构成很强的外部约束机制，这种情况为两职合一创造了条件，美国的上市公司董事长与 CEO 一人兼任与此有关。六是融资结构。负债率越高的企业，债权人为防止资产的风险，倾向于两职分离。七是董事长与总经理的特点。例如，董事长年龄越大，为选择年龄较小的人出任总经理倾向于两职分离；相反，总经理年龄越大，两职状态越倾向于合一。

　　不论董事会领导结构处于哪种状态，都会带来一定的成本与收益，选择两职合一还是两职分离，要进行成本与收益的比较。

　　两职分离的收益有：在两职分离的情况下，代表股东利益的董事长对代表经营者利益的总经理进行监督，保证企业的经营活动向着有利于股东利益的方向发展，降低了代理成本；如果由具有丰富知识、经验并且有一定社会影响力的外部董事作为董事会主席，既可以为企业经营带来新的思路并能关注到更多利益相关者的利益，为企业长期发展提供更有利的条件，也可以使组织与外部环境及资源的联系得到加强，提高组织在环境中的生存能力。

两职分离的成本包括与此相关的信息成本、竞争与协调成本以及董事长的薪酬及监督成本。两职分离会带来更多的信息成本。CEO 作为企业的经营者，拥有大量董事会主席所需的决策信息，两职分离会产生信息沟通及信息缺失成本。两职分离可能导致董事会与 CEO 为争夺企业控制权展开竞争，这会产生多头领导问题，情况严重的话，会造成经营管理混乱。从"经济人"的假设考虑，董事长与总经理为自身利益最大化而争夺企业控制权的斗争是很难避免的。除此之外，在两职分离情况下，平衡与协调各种人事关系也会过多消耗企业资源。企业要付给董事长与其职位相符的薪酬。从监督成本来看，监督董事会主席也需要成本。为了避免董事会主席利用权力进行的寻租行为及保持其客观与公正，需要对其进行监督，同时，股东也要关注董事会主席的在职消费及努力程度等。

两职合一带来的利益有：两职合一可以使董事长对企业的经营了解得更为全面和深刻，有利于公司决策的准确和及时；两职合一使 CEO 的权力更加集中，可以提高企业进行决策和执行决策的效率；两职合一可以消除董事长与总经理对控制权的竞争，减少决策与管理的矛盾，减少企业运营中的冲突和摩擦。

两职合一带来的成本有：两职合一出现了总经理自己监督自己的情况，从总经理是"经济人"这一假设看，这是一种比较明显的制度缺陷，非常有可能加大经理层的代理成本；两职合一使董事长的权力过分集中，容易出现个人专断，使企业决策容易出现失误；两职合一使同时担任 CEO 的董事长需应付企业大量的日常管理工作，缺少时间考虑企业面临的新问题和企业的长远发展战略。

在确定董事会领导结构时，应全面了解影响两职状态的各种因素，在此基础上，结合企业的实际情况，合理分析不同的两职状态给企业带来的收益和成本，最终确定有利于企业绩效的董事会领导结构。

四、经理激励机制有效性的实现

经理人激励是公司治理的关键问题，它与公司绩效的关系最为直接，因为在所有权与经营权分离的公司中，激励经理的目的就是让其利益与股东的利益协调一致，促使其为股东的利益去经营企业，进而实现企业价值的最大化。委托代理理论强调通过设计一种经理激励合约来达到激励经理的目的。经理激励合约设计的合理与否直接决定经理激励对公司绩效的作用大小。在实际中，经理激励合约具体体现为经理报酬激励合同。下面将通过激励性报酬的基本原理、代理人业绩目标的设定、代理人业绩的评价方法、激励的原则、如何合理安排报酬的数量和结构等方面，阐述如何实现经理机制的有效性。

经理的收入可以分为两部分：一部分是固定收入；另一部分是可变收入。固定收入部分与工作业绩无关，没有激励作用。可变收入部分与工作业绩有关，会起到激励作用，我们把这部分报酬称为激励性报酬或分成报酬。

委托代理理论告诉我们，任何使委托人效用最大化的经理激励合约安排，都应该使经理报酬与产出相关，使经理承担部分风险。如果经理的收入全是固定报酬，就会使股东承担全部经营风险，这可能带来严重的代理问题。为了让经理关注企业的绩效和股东的利益，加强对经理的激励与约束，应对经理采用激励性报酬的形式。

下面用数学描述的方法解析委托代理关系的经理激励模型。

我们用 e 表示经理的努力程度，用 y 表示产出，它们两者的关系表达式为：

$$y = \alpha e + \varepsilon$$

其中，α 是经理的边际生产率，衡量经理努力对利润贡献的大小；ε 是一个均值为 0、方差为 σ^2 的随机变量，它表示不确定因素，呈正态分布。

假定股东用下述经理报酬合同：经理的收入一部分采取固定形式，另一部分采取与产出状况相联系的形式，即采取激励报酬（分成报酬）的形式。用公式表示为：

$$W = W_0 + \beta y = W_0 + \beta \alpha e + \beta \varepsilon (0 \leq \beta \leq 1) \qquad (4.1)$$

其中，W 代表经理的全部收入；W_0 代表收入中的固定部分；β 代表产出分成的比例，经理人的激励性报酬是产出 y 的 β 倍。

经理人的努力是有成本的，用 $C_{(e)}$ 表示，经理人的目标函数 W_1 是：

$$W_1 = W - C_{(e)} = W_0 + \beta \alpha e + \beta \varepsilon - C_{(e)} \qquad (4.2)$$

经理追求的目标是（经理要最大化自己的净收入）：

$$Max(W_0 + \beta \alpha e + \beta \varepsilon) - C_{(e)} \qquad (4.3)$$

股东的目标函数是：

$$S = (\alpha e + \varepsilon) - W \qquad (4.4)$$

股东追求的目标是：

$$Max(\alpha e + \varepsilon) - W \qquad (4.5)$$

股东要实现自己利益最大化的目标，除了要在合约中体现对经理人的激励属性外，还要满足另外两个条件，即满足经理人参与约束和激励相容约束。

假设其他工作机会能给代理人带来最高收入为 W_1，在满足下面条件时，经理人才会留在企业努力工作：

$$W_0 + \beta \alpha e + \beta \varepsilon - C_{(e)} \geq W_1 \qquad (4.6)$$

式（4.6）表达的就是经理人的参与约束，只有满足参与约束，经理人才愿意留在企业努力工作。

要实现激励相容，就要找到式（4.3）和式（4.5）之间的联立解，它会带来令委托代理双方都满意的结果。

通过上述模型，可以得到如下与激励性报酬设计相关的结论：激励合约的有效性与边际生产率、不确定因素的影响及经理努力工作带来的成本有关。边际生产率越高，经理的努力程度的敏感性越大，激励合约更有效；外部不确定性因素越小，即 σ^2 值低，产出与经理努力程度相关性越大，激励合约越有效；经理努力工作带来的成本低，会导致经理收入增加，这会增强合约的有效性。

需要指出的是，上述模型的存在和有效是有前提条件的：第一，股东与经理的利益不一致；第二，股东与经理间的信息不对称；第三，股东对经理监督困难或监督成本太高。除这三点之外，还有一个模型中没有涉及的问题，即风险问题。

有效的激励合约能把经理的报酬与其为企业发展所做的努力联系起来。经理为企业发展所做的努力很难观测，人们一般要根据经理的贡献（贡献可以推断经理努力的程度）来决定经理的报酬。设计合理的衡量经理贡献的业绩目标是经理激励合约的首要工作。经理的业绩目标设计不合理，就不能达到激励合约要追求的目的。合理的经理业绩目标要符合三个方面的要求：首先，经理的业绩目标要依据企业的发展目标确定。衡量一个激励目标设计得合理与否，就是看经理在该目标下的对策是否有利于实现企业的发展目标。不同的激励目标会导致经理的努力方向不同，所以评价经理贡献的业绩指标要有一个明晰的导向，导向应指向企业发展的目标。偏离企业发展目标的经理业绩目标会造成激励合约无效。因此，在确定经理业绩目标之前，要先确定企业的发展目标，然后通过对企业发展目标进行分解来安排经理的业绩目标。其次，经理的业绩目标要体现企业不同发展阶段的要求。企业在不同发展阶段，影响企业价值的关键因素会有所区别。处在成长阶段的企业，影响企业价值的主要因素是企业业务的增长，这时应把市场份额作为激励经理的重要指标。处在成熟期的企业，企业要回收更多的现金去发展其他业务，将各期利润作为激励目标会更加恰当。最后，经理业绩目标要考虑到风险因素即不确定因素的影响。企业业绩除了受经理努力程度影响之外，还会受到不确定性因素的影响，这种影响既可能导致企业业绩下降也可使企业业绩大增。设定经理业绩目标，要明确目标业绩的上限与下限，下限考虑到意外因素对企业业绩的负干扰，上限考虑到意外因素对企业业绩的正效应，这样业绩目标的设计才切合实际。考虑到风险因素的激励目标设计，才会把重点放在经理能够控制的影响因素上。

在经理贡献评价指标设定后，接下来的工作就是如何评价经理的业绩，它涉及经理实际薪酬的获得及经理职位的变动。经理业绩的评价方法有两种：一是"绝对业绩"评价法。它用企业发展目标分解得来的经理业绩目标去衡量经理的实际贡献。这种方法在理论上容易理解，但在实际操作上会遇到困难。首先，它对信息的要求特别严格，要求指标设定者了解所有影响企业业绩的信息，能清楚界定与经理努力相关的业绩标准，但现实中这是很难做到的；其次，指标的选择不易把握，被选指标的类型、指标的组合、各指标的权重难以确定。二是"相对业绩"评价法。这种方法不是用经营业绩绝对量来衡量经理的贡献，而是把本企业业绩与市场环境相同的同类企业的业绩进行比较，以此判断经营者的能力与努力程度。在实际操作中，两种方法的选择要考虑到具体的情况，如果合约设计者能掌握相对充分的信息，应采用绝对评价法。如果企业处在竞争性行业，相对评价法更富有效果。当然，在许多情况下两种方法可配合使用。

激励合约中经理的报酬既有数量的问题也有结构的问题。有效的经理报酬安排要体现出总量适度、结构合理。经理报酬的设计者通常参考以下因素来确定经理报酬量的多少：一是公司的业绩，如根据一年来的公司利润额或销售额决定经理的奖金；二是满足经理的参与约束，企业在决定经理报酬时，一定要参照其市场价格，低于经理市场确定的价格很难留住人才；三是能对经理产生刺激，使其有积极性做好自己的工作。在设计经理报酬的数量方面，除了要考虑到主要因素外，还要确定一些对量的方面的具体要求：一是要确定报酬的下限。报酬的下限是激励的起点。报酬的下限可以低于规定的业绩目标，如把达到设定目标业绩的一定比例作为下限，经理达到了这个比例就可以获得基础报酬，超过此比例可以获得激励性报酬。规定下限的原因是照顾到一些不确定性因素的影响。二是要确定报酬是否需要上限。为防止个人努力之外的意外因素对企业业绩的影响，经理人的报酬应设定上限。一些意外因素会使企业业绩获得很大增长，如 SARS（"非典"）爆发导致医药企业的年销售额巨幅增长，这种增长与经理努力无关，通过上限设定才能保证经理获得与其努力相关的收入，从而真正使报酬达到激励的目的。

　　经理的报酬结构包括基本薪水、奖金和长期激励性报酬，三个部分各有其功能。基本薪水是经理收入中的固定部分，一般不随业绩变化。基本薪水是考虑到被激励对象的风险承担能力而设定的。奖金与短期经营业绩挂钩，如年度利润。经理人员的奖金收入与企业的绩效相关联，在一定程度上有利于股东财富与企业业绩的提高，但其也有不足，不足主要体现在两个方面：短期业绩指标很难全面反映企业的真实价值；短期业绩指标容易被经理人员操控。因此，即使奖金具有一定的激励效果，但考虑到它的负面效应，不能将其作为企业经理激励报酬的全部。长期激励性报酬包括股票、期权等形式。股票是企业给予经理股票奖励。詹森和墨菲（1990）研究发现，股东财富变动 1000 美元，由股票引起的总经理财富变动 1.5 美元，CEO 本年和下年的薪水与奖金平均增加 2 美分，股票的激励效果强于薪水与奖金。股票期权是指企业赋予经理人员以事先约定的价格在未来购买本公司一定数量股票的权利。经理的期权价值与企业的未来价值相联系，这会使经理考虑企业长期绩效。对于股票收入而言，期权收入的风险更大，一旦到行权时间企业股票价格因企业业绩原因没有上升，经理就不会从期权中得到任何收益。Guay（1999）的实证研究发现，股票期权能显著提高总经理的财富与权益风险之间的敏感性，并且它还能激励经理进行净现值为正的风险投资项目来改善企业的绩效。股票期权的不足体现在，期权行使后，期权的激励效果也随之消失。通过以上的分析可以得到这样的启发：各种激励方式应组合使用，这是因为每种激励方式都有其优缺点，只用一种激励方式会扭曲经理人员的行为，对经营绩效产生不利影响。所以在确定各种收入比重的时候，应当结合企业的具体情况慎重选择。

4.4　公司治理有效性指标体系的构建

本书中从公司股权结构、资本结构、股东大会、董事会、监事会、经理层、公司治理与公司管理的整合、利益相关者和公司透明度等九个方面来构建公司治理有效性指标体系。公司治理参与者的关系如图 4 – 2 所示。

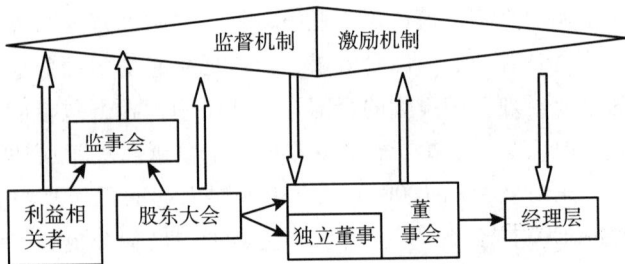

图 4 – 2　公司治理参与者的关系

资本结构与股权结构是公司治理的基础性因素，它们分别决定了公司治理的不同方式和公司控制权的配置格局；股东大会是公司最高的权力机构，掌握着公司最终的控制权；董事会是公司治理的核心，它行使经营决策和对经理人员评价与监督等职能；监事会是公司内部负责监督的机构，它以董事会和总经理为主要监督对象，监督公司的一切经营活动及财务状况；经理层的工作直接决定了公司的运行状况。这些要素涉及了公司治理的基础因素、公司治理的内部治理机制、公司治理的条件及公司治理与环境的关系。信息披露是指公司管理者将公司财务状况、经营成果等信息按有关要求向企业内外进行公布，它对增强公司治理的透明度非常重要。利益相关者治理是企业承担社会责任的一种体现，一些学者认为应把更多的权力交给利益相关者。

应当指出，这里我们选择的评价公司治理有效性的要素基本不包括外部治理机制，因为企业外部治理机制很难建立一个系统的规范化的评估系统。

一、资本结构有效性指标体系

资本结构反映了企业各种资金筹集来源的构成和比例关系。对于用什么指标来衡量资本结构，国内外学者采取了不同的做法。如Rajan 和 Zingules（1995）用非权益类负债对总资产比率、借款对总资产比率、借款对净资产比率、借款对资本比率、利息覆盖率等五种指标来描述资本结构；我国学者刘静芳等从总资本结构、负债结构、权益结构三个方面构建了反映资本结构特征的指标体系。

笔者认为用以下四种指标能更清晰地描述资本结构：总负债指标，具体度量为总负债/总资产；长期负债指标，具体度量为长期负债/总资产；总借款指标，具体度量为总借款/（总借款＋股东权益）；长期借款指标，具体度量为长期借款/（长期借款＋股东权益）。以上四种指标的数据可以从上市公司定期报告中获得。

有没有对企业绩效最有利的最佳资本结构？应该说没有统一的标准，但可以通过对其影响因素分析来确定相对最佳的资本结构。许学军、周尚志（2002）认为，总体来说，公司的资本结构取决于互相对冲的债务融资与股权融资的比率，所以存在一个动态的最佳资本结构，在最佳资本结构下，公司的价值最大。其数理及图形表示如图 4 – 3 所示。

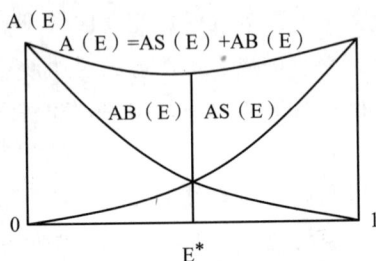

图 4 – 3　最佳资本结构示意图

图 4 – 3 中，A(E) 为总代理成本；AS(E) 为股权融资的代理成本；AB(E) 为债务融资的代理成本；E 为资本结构比率；E* 为最佳资本结构。

参考国内外文献，笔者选取了下列对资本结构形成发生影响的因素：企业规模；资本结构；企业成长性；获利能力；税率和非债务税盾；股权结构；风险；管理者持股；治理结构；产品独特性。

二、股权结构有效性指标体系

公司的股权结构对公司治理有效性的影响是基础性的。近些年，国内外许多学者都加入到股权结构的研究中，对此也作了大量的实证研究。在实证研究中，对股权结构的考察一般都是从股权集中度和内部持股比例两个维度进行区分。尽管股权集中度与公司绩效相关性研究的结论有很大分歧，但是，大多数学者还是同意股权集中度与公司绩效呈非线性倒 U 型相关的观点，认为股权适度集中是必要的。公司的股权结构依集中度可以分成三类：一是高度集中型的股权结构，这类公司拥有一个绝对控股股东；二是股权相对集中型的股权结构，在这种结构中相对控股股东与其他非控股大股东并存；三是股权高度分散型的股权结构，这类公司不存在大股东，股份分散。前两种类型的股权结构倾向于内部监控，后一种股权结构依赖外部治理（孟姗娜，2006）。股权集中度的分析与评价涉及两种代理成本：一是风险成本，它是投资者进行投资所承担的风险损失；二是治理成本，它是维持公司治理结构有效运作而发生的成本。一般来说，股权集中度与风险成本呈正比，与治理成本呈反比。鉴于大股东与小股东之间严重的利益冲突，一些学者开始探讨如何在公司里建立一个有效的股权制衡结构，提出了一个有多个控制性大股东的股权制衡理论。实证研究对内部持股与公司绩效的关系得到的结论不相一致，这可能与内部股东总在权衡通过控制权获得的自利性收益与公司价值最大化给自己带来收益的大小有关。除此之外，也有一些研究注意到了国有股比例与法人股持股比例对股权结构有效性有一定的影响，这主要是因为两类股东性质上的差别与价值取向方面的差别。基于我国股权结构的特殊性，一些学者对这方面非常感兴趣。

笔者认为，股权结构有效性应用如下指标体系来评价：股权集中度，是指持股比例居前的 n 位大股东持股比例之和（一般地，$3 \leqslant n \leqslant 10$）；内部股东所占的股权比例；法人股持股比例，国有股比例；股权结构的制衡程度，它体现为第一大股东与后几位大股东持股比例上的差别。以上指标的数据可从上市公司的定期报告中获得。

三、股东大会的有效性指标体系

股东大会的有效性主要取决于两个方面：一是股东大会制度本身的有效性，即股东大会能否公平保护股东的平等权利，实现股东民主治理公司，这主要体现在国家公司制度设计的系统效率。二是股东大会的实际运行效果，即股东大会能否有效保障公司目标实现。股东大会能否有效运营，受到公司制度设计的制约以及公司外部市场环境和每个公司具体情况的影响。

股东大会有效性的评价指标体系分为两部分。一是显示股东大会制度有效性的，包括：股东大会决议采取的议事规则；股东大会的投票方式，如是否采取累计投票的方式（这有利于对中小股东利益的保护）；委托投票制度；召开非常股东大会的条件。该部分指标信息可以从相关法律及公司章程、公司的股东大会议事规则获得。二是显示股东大会实际运行效果有效性的，包括：股东大会的召开频率；出席股东代表的股份数量占总股份的比例；少数流通股股东能否积极出席会议，这个指标与上个指标可以反映股东参与的广泛性；制定公司经营方针和投资计划的效率，可以反映公司制定计划的能力；提案通过率，可以表明股东大会决策的效率；非控股股东是否召集股东大会；征集股东投票权。该部分指标数据可以从上市公司定期报告及上市公司公告获得。

四、董事会有效性指标体系

董事会处在公司治理链中的枢纽位置，一个有效的董事会可以放大公司价值并有效地保护股东的利益。提高董事会治理有效性的关键就是运用一些恰当的指标对其进行客观的和经常的评价，对董事会治理有效性的系统评价应成为公司治理的重要内容。

在对董事会的实证研究中，大多数学者都依赖于一些衡量董事会结构的指标，如董事会规模、董事会人员构成，仅凭这些不足以反映董事会运行的真实状况。笔者认为，对董事会有效性的系统评价应能反映出这些情况：董事会职能能否有效发挥；结构是否合理；人员是否称职；董事与高管层的薪酬是否公平；董事会对高管层的监督和任免是否有效与合理；董事会的独立性。

　　董事会有效性指标体系分为如下五个方面:一是人事方面的指标,包括:董事的选拔、培训及工作状况;高层管理人员的任用、培训、工作及免职状况。董事在公司治理结构中居于重要的地位,应明确董事的选拔标准及其权利和义务。高层管理者享有管理企业的实际权力,董事会对其任免应有清楚的政策和程序。董事的选拔、高层管理人员的任免情况可以从上市公司的公告、定期报告中获得,董事及高管人员的培训和工作情况需从企业调查获得。二是董事会结构方面的指标,包括:董事会的规模和人员构成;董事会的领导结构;专业委员会的设置;董事会及各部门的职能与工作程序的规定。作为一种组织结构,董事会内部应有清晰的分工与高度的协作。专业委员会的存在有助于提高董事会的工作效率,并能增强董事会的独立性。董事会的规模、人员构成与董事会的领导结构可以从上市公司定期报告中获得。专业委员会的设置,董事会及各部门的职能与工作程序的规定,可以从上市公司公告及公司章程中获得。三是董事会运行方面的指标,包括:董事会的开会次数;董事会会议的情况;各专业委员会的运行情况。董事会开会的频率、董事会会议的效果及各专业委员会的运行质量影响董事会职能的发挥。董事会的开会次数与董事会会议的情况可以从上市公司公告与定期报告中获得,各专业委员会的运行情况需从企业调查获得。四是考核与薪酬方面的指标,包括:董事与高管层的绩效评价标准;董事与高管层的薪酬水平与形式;薪酬决定程序。应保证高管层的薪酬公平,并合理界定绩效的考核标准,这对董事会的运作及企业的发展非常重要。这方面指标的原则性规定可以从上市公司定期报告中获得,具体内容需查阅公司相关文件(如公司工资管理办法)及从企业调查获得。五是董事会独立性方面的指标,包括:独立董事的选聘标准与程序;独立董事的职能;独立董事的比例;独立董事的激励;各专业委员会的独立性;董事长与总经理是否由一人兼任;大股东是否占用上市公司资金。董事会独立性能保证所有股东及其他利益相关者的利益，并可以增强董事会决策的科学性。独立董事的比例、董事长与总经理是否由一人兼任与大股东是否占用上市公司资金情况可以从上市公司公告及定期报告中获得。独立董事的选聘标准与程序、独立董事的职能、独立董事的激励与各专业委员会的独立性需查阅相关法律、公司规定及从企业调查获得。

五、监事会的有效性指标体系

监事会属于公司内部的监控机制。作为公司三会之一的监事会在公司治理中充分发挥作用，有助于提高公司治理水平。监事会如何有效发挥其功能是公司治理研究中值得探讨的问题。

相对于公司治理中其他方面的研究，关于监事会有效治理的研究文献很少。这可能是由于不同国家公司内部监控机制的模式不同造成的。在英美，内部监控机制由董事会来主导，治理结构中没有设立监事会。德国监事会的作用相当于英美的董事会。在日本，根据 2002 年改革后的新商法有关条款，选择董事会模式改革的企业，可以废除原先依法必设的监事会，但必须在新模式的董事会下设立由独立董事任主席的审计、薪酬和提名等三个委员会。

结合我国相关法律、监事会治理实践及现有的研究成果，笔者认为，用以下指标评估监事会的有效性更加合理：一是监事会的规模及成员素质。监事会应具备与公司规模相适应的人数，成员应具备相应的能力和经验，以便从人员的数量和素质上保证其任务的完成。二是监事会成员在公司内的兼职情况及监事会中来自公司以外成员的比例。这两个因素关系到监事会的独立性，监事会的独立性强能提高监控的效果。以上两方面指标情况可以从上市公司定期报告及公告中获得。三是监事的考核标准与监事的报酬构成和水平。这方面情况直接决定监事参与监管的动力。该指标原则方面情况可以从上市公司定期报告中获得，具体情况需查阅公司相关文件及从企业调查中获得。四是监事会运行情况，包括：监事会成员列席董事会会议的情况；召开监事会会议的次数；外部监事在本公司实际工作时间；监事会提议召集临时股东大会的次数；纠正违规的次数；监事会监管记录是否完善。监事会发挥其职能的程度及成员投入的精力直接衡量了其履职情况。监事会成员列席董事会会议的情况、召开监事会会议的次数与监事会提议召集临时股东大会的次数可以从上市公司的定期报告及公告中获得，外部监事在本公司实际工作时间、纠正违规的次数及监事会监管记录是否完善须从企业调查中获得。

六、经理层的有效性指标体系

对经理层治理应体现出三个方面的内容：一是制衡；二是激励；三是科学决策。在所有权与经营权分离的情况下，所有者与经营者利益上的冲突可能诱发经营者出现败德与逆向选择行为。为了避免经营者做出不利于企业的行为，需要公司治理对经营者进行有效的激励和约束。过去，在对经理人的影响上，除激励外，更重视的是制衡，非常强调设计一种制度和机制来有效制衡经理层的行为。应该说，像我国这样内部人控制企业非常严重的国家，这样做是非常必要的。但在环境不确定性日益增强的今天，如何保证经理层面对复杂的形势做出有效的决策，也是公司治理应发挥的作用，它对维护企业现实利益非常重要。

笔者认为以下五个方面的指标可以有效衡量公司经理层的有效性：一是经理任免，包括：经理选聘的标准、方式和程序；经理的免职规定与程序。经理的任免是反映公司治理影响力的一个重要方面，同时也涉及对治理独立性的评价。这方面指标的情况可以从公司相关文件中获得。二是经理层的治理意识。经理层治理意识可以从他们是否明确强调公司治理的重要性并注意维护治理标准的行为中表现出来。经理层的治理意识关系到治理效率以及治理的和谐程度。这方面情况可以从企业调查中获得。三是经理层的活动，包括经理决策的支持和经营控制。经理决策是否得到支持关系到经理决策的质量与效率，经营控制影响到经理履行其职责的情况。这方面的情况可以从上市公司定期报告、公告及公司调查中获得。四是对经理人的约束，包括：经理的问责机制；内部人控制程度；经理是否存在损害公司利益的行为；企业的盈余管理；经理层在关联单位的任职情况；经理层是否与庄家联合操纵上市公司的股票。经理的问责机制可以从公司的文件中获得，经理层在关联单位的任职情况可以从上市公司定期报告及公告中获得，内部人控制程度、是否存在损害公司利益的行为、企业的盈余管理与经理层是否与庄家联合操纵上市公司的股票主要从调查中获得，部分内容可以从上市公司公开披露的信息分析中获得。五是经理的考核与激励，包括：经理的绩效考核标准；经理层薪酬年总量与结构；经理层与公司员工薪酬差异的大小；经理层的持股比例。对经理人的激励与约束可以减少代理成本，提高治理效率。经理层的持股比例可以从上市公司的定期报告中获得。经理的绩效考核标准以及经理层薪酬年总量与结构的原则方面规定，可从上市公司定期报告与公告中获得，具体内容以及经理层与公司员工薪酬差异的大小须从企业的调查中获得。

七、公司治理与公司管理整合的有效性指标体系

公司治理要通过管理作用于公司绩效，所以治理是否有效还要看治理与管理整合的程度。

通过对企业实际运行的考察，笔者认为下列指标可以反映公司治理与管理的整合程度：一是战略导向的一致性与明确性，包括公司战略是否经过充分论证及在董事会与管理层之间形成共识的程度；公司各个职能部门是否有明确的战略导向。战略导向的一致性

和明确性是治理与管理有效契合的重要标志。这方面的信息需要从企业的调查中获得。二是公司主业的持续性。公司管理层对主营业务的持续关注表明治理对管理影响的稳定性。这方面的情况可以从企业的定期报告中获得。三是董事会与管理层的沟通。董事会与管理层有效的沟通，是治理与管理有效结合的基础。董事会应能从管理层处及时、准确地了解到其所需的信息，管理层也能及时得到董事会的反馈意见。这方面的信息须从企业的调查中获得。四是高管层的稳定性。高管层的不稳定不利于企业长期发展，高管层的稳定性表明管理对治理的认同。这方面的信息可以从上市公司的定期报告与公告中获得。

八、利益相关者治理有效性指标体系

利益相关者理论认为，利益相关者治理的好坏是公司治理有效性评价体系中重要的部分。只有把利益相关者治理加进公司治理评价指标体系中，才能客观、全面地评价公司治理状况。如果缺失利益相关者部分，不利于企业长期绩效的获得。

本书采取以下利益相关者治理有效性的评价指标体系：一是职工利益的保障情况，包括：职工持股比率；职工的收入水平；职工参与治理的人数以及占总职工人数的比例。职工持股比率、职工的收入水平需要从企业的调查中获得。职工参与治理的人数以及占总职工人数的比例可以从企业的定期报告中获得。二是债权人利益保障情况，包括：债务履约率；债权人是否参与企业投资决策。重大债务的履约情况可从上市公司定期报告与公告中获得。详细的债务履约情况及债权人是否参与企业投资决策需从企业的调查中获得。三是政府利益的保障情况，包括：公益捐助比率；是否执行了保护环境的措施。这方面的情况需从企业的调查中获得。四是客户利益的保障情况，包括客户交易契约的履行率、客户关系的维持时间以及产品与服务的质量。这方面的情况需从企业的调查中获得。五是社会责任，包括：公益性支出；社区环境的保护。这方面的情况需从调查中获得。

九、信息披露有效性指标体系

众所周知，在经济活动中，公司信息披露不仅影响投资者的价值判断和决策，同时也影响到债权人等利害关系者的利益。因此，在考察公司治理结构的有效性时，还要对公司信息披露这一环节进行评价。

本书采取如下考察公司信息披露的评价指标体系：一是信息披露情况，包括：信息披露是否及时、真实、准确、清晰与完整；不违规泄露信息；除强制性信息外，自愿性信息的披露情况；及时、准确、全面地披露市场敏感信息；对应披露的遗漏信息及错误披露的信息及时进行补充和更正。高质量的信息披露可满足信息使用者的需求，同时能使他们根据披露的信息做出合理的行为选择。这方面的信息可以从上市公司的定期报告与公告中获得。二是外部审计的独立性，包括：审计单位与公司除审计业务外不存在其他业务关联；审计单位应由外部董事组成的审计委员会聘请；审计单位要有良好的诚信记录。外部审计的独立性可以很好地保证企业披露信息的质量。这方面的情况需从调查中获得。

第 5 章

我国上市公司治理有效性与公司
绩效关系的实证分析

在对公司治理有效性进行一定的分析之后，本章将对我国上市公司治理有效性与公司绩效关系进行实证检验，目的是对我国上市公司治理的有效性做出客观的评价，以此为我国公司治理改革提供借鉴。

5.1　研究假定的提出与统计验证的说明

股权结构是公司治理的基础，股权结构通过影响公司治理中的激励、并购、代理权争夺及监督等机制，对公司绩效发挥作用。一般来讲，分散的股权结构不利于监督、激励、代理权争夺机制发挥作用，但对并购机制有利；高度集中的股权结构，股权的激励作用能得到有效发挥，治理的监督机制可以减少股东与经理间的代理成本，但大股东与小股东之间的代理成本可能加大，这种类型的股权结构不利于并购与代理权争夺机制发挥作用；相对集中的股权结构，非常有利于监督与代理权争夺机制发挥效能，激励与并购机制的作用也会在一定程度上得到发挥。就我国的国情而言，上市公司第一大股东许多是国家股股东，由于存在所有者缺位及价值取向等原因，这类公司的大股东不能有效地发挥治理的作用。对于第一大股东是民营企业的上市公司，由于我国外部治理机制非常不完善，这类上市公司可能存在大股东对其他股东的利益侵占行为，治理效率也存在一定的问题。鉴于我国外部治理机制不完善的现状及上市公司股权集中的特点，笔者认为，股权相对集中、有几个大股东的上市公司，企业绩效可能更好一些。

假设1：股权集中度与公司绩效负相关；股权制衡度与公司绩效正相关。

资本结构反映的是企业股权融资与债务融资的比例关系。从理论上看，在一定的范围内，负债融资有利于公司治理问题的解决。在激励方面，负债融资可以提高内部人持股的比例，可以提高经营者的股权收益；在约束方面，债务是一种硬约束，经理会顾忌由于财务危机导致的企业控制权的转移；在监督方面，债务人为了保证自己的资产不受损失，有动力去监督企业的经营活动。

假设2：在一定范围内，资本结构中的负债比例大，有利于公司绩效的改善。

董事会结构、规模及领导权结构是董事会特征的三个主要方面，它们会对公司绩效产生影响。在这里，董事会结构用内外部董事的比例表示。从理论上分析，外部董事的存在有助于公司绩效的提高。外部董事由于其所处地位，有利于对公司的监督，同时他们还能给企业带来更多的外部资源。董事会规模对企业绩效的影响具有不确定性，这要视具体情况而定。与董事会规模一样，反映董事长与总经理两职合一情况的董事会领导结构对公司绩效的影响也要具体问题具体分析。虽然按照代理理论两者分离有助于降低代理成本，但现实中有很多情况证明，两职合一的企业经营绩效也很好，因为两职合一可能带来更好的决策效率及执行效率。从我国的情况来看，由于存在上市公司董事会独立性差、内部分工不明确等现象，董事会的特点对公司绩效的影响表现为模糊的状态。笔者根据我国现实的情况，在董事会特点上倾向于以下观点：针对我国上市公司董事会作用低的现状，在董事会的建设上应保持一定的规模；独立董事比例的增加有助于公司治理效率的提高；董事长与总经理两职分离有助于公司绩效的提高。

假设 3：保持一定规模的董事会有利于公司绩效的改善；独立董事的比例与公司绩效正相关；董事长与总经理两职分离有助于提高公司绩效。

经理激励是公司治理的关键问题。委托代理理论强调通过设计一种经理激励合约来达到激励经理的目的。在实际中，经理激励合约具体体现为经理报酬激励合同。经理的报酬结构包括基本薪水、奖金和长期激励性报酬。长期激励性报酬包括股票、期权等形式。委托代理理论告诉我们，任何使委托人效用最大化的经理激励合约安排，都应该使经理报酬与产出相关，使经理承担部分风险。根据此理论，应该关注经理报酬中的激励部分。成熟市场经济国家的经验表明，激励性报酬的长期部分更有利于公司绩效的改善。根据我国经理报酬水平整体偏低、长期报酬所占比重少的现状，增加经理人的持股比例应有助于公司绩效的提高。在企业的高层，除经理人激励外，还涉及董事与监事的激励问题，对他们的有效激励，有利于其作用的发挥。

假设 4：增加经理的持股比例有助于公司绩效的改善；增加董事与监事的持股比例有助于公司绩效的提高。

监事会属于公司内部的监控机制，它有权对董事会、经理层、企业的财务及企业运营进行监督。监事会作用的发挥有利于提高公司治理有效性。

假设 5：监事会的规模与公司绩效正相关。

需要说明的是，由于本书研究的局限，不能对公司治理有效性涉及的全部因素及所有指标都进行实证检验，只能就其重要部分及笔者能做到的方面进行分析，更为全面的探讨留待后续的研究。本章选取的反映公司治理有效性的因素包括股权结构、资本结构、董事会、高管激励及监事会等方面，股权结构、董事会、高管激励等因素全面涉及了公司治理的核心部分，资本结构关系到债权治理（主要是银行）及公司治理的重要机制，监事会作为我国上市公司监控机制的组成部分，对公司绩效也有一定影响。

5.2　数据选用、变量设计

一、样本选取的原则

笔者以 2007～2013 年沪深两市 A 股共 7509 个公司年为样本，分析我国上市公司公司治理与公司绩效之间的关系。

在选取上市公司样本的过程中主要遵循了以下四个原则。

第一，不选取 ST 公司和 PT 公司。因为 ST 和 PT 这两类公司都属于近两三年来财务状况发生了异常变动的公司。如果将这些公司纳入研究样本的话，就有可能影响到实证结论的一致性与可靠性。

第二，不选取发行的股票中含有 B 股和 H 股的上市公司。上市公司发行的 B 股和 H 股在发行方式与发行地方面与 A 股有很大的不同，因此，在价位上也就有很大的不同。另外，由于国内与国际会计准则规定的差异，这些股票的收益指标体现有所不同。为避免统计分析的误差，进行样本的选取时，对含有 B 股和 H 股的上市公司予以剔除。

第三，不选取当年发行股票上市的公司。这样做的原因：一是考虑到当年上市的公司，其财务状况尚未稳定，还存在很多不确定因素；二是考虑到刚上市的公司，其业绩很可能会有上市前的包装痕迹，这样也会对研究的准确性造成影响。

第四，不选取金融、保险和房地产行业的上市公司，其原因在于，与其他行业相比，这些行业具有较强的特殊性，比如高风险性和周期性特征，导致这些行业的财务指标与其他行业相比特殊性较强。

按照证监会行业分类，样本中包含农、林、牧、渔业样本 159 个，采掘业样本 265 个，制造业样本 4339 个，电力、煤气及水的生产和供应业样本 430 个，建筑业样本 193 个，交通运输、仓储业样本 431 个，信息技术业样本 404 个，批发和零售贸易业样本 615 个，社会服务业样本 258 个，传播与文化产业样本 86 个，综合类样本 329 个，共计 7509 个公司年样本。

二、被解释变量

笔者将总资产收益率（ROA）和托宾 Q 值（Tobin'Q）作为被解释变量。

总资产收益率是用来衡量公司绩效的财务方面指标。笔者用主营业务资产收益率，而不用大多数人使用的净资产收益率（ROE）的原因主要以下几个方面：一是总资产收益率在计算时，分母为企业的总资产，因此，总资产收益率既包含归属于股东的所有者权益所产生的收益也包含归属于债权人的负债产生的收益；而净资产收益率在计算时，分母为企业的净资产，即所有者权益，因此，净资产收益率在计算时，仅包含归属于股东的所有者权益产生的收益，而忽略了归属于债权人的负债产生的收益。二是总资产收益率适宜于进行公司间的横向对比，而净资产收益率却不利于公司间的横向比较，其原因在于，净资产收益率很大程度上受到公司资本结构的影响，比如某些企业尽管净利润很低，但是，资本结构中负债的比例很高，导致净资产很少，因此，会导致净资产收益率很高。这种情况下，偏高的净资产收益率并不能反映企业的盈利能力，而是反映企业畸形的资本结构。三是总资产收益率在反映公司绩效方面比证监会规定的净资产收益率指标相对稳定，被操纵的程度小。目前证监会将净资产收益率指标作为公司首次公开发行、配股和进行特别处理等的考核指标，企业对这一指标进行盈余管理的现象很普遍。企业进行盈余管理的方式主要是通过会计方法的改变来操纵可操控的应计项目和通过安排关联交易进行。比较而言，总资产收益率被操纵的程度小，因为当前计算这一指标的分母为总资产，它避免了计算净资产收益率时很多企业账面净资产很小甚至为负的情况。下面用 ROA 来表示总资产收益率。托宾 Q 值（Tobin'Q）是用来衡量公司绩效的市场价值。本书中所采用计算托宾 Q 值的方法是以公司的市场价值加上负债再除以公司的总资产。市场价值是由上市公司每年最后一个交易日股票的价格乘以发行在外的流通股股数。

三、解释变量

笔者设置了如下解释变量：

第一，股权集中度的衡量。一般来说，相对集中的股权结构可以更有效地对经理层实施监督。如果股权过度分散，股东实施监督所获收益可能无法弥补其实施监督的成本，从而更愿意搭其他股东的便车，降低了股东监督的效果。而相对集中的股权，可以使监督的收益更加内部化，使股东更有积极性对经理层进行监督。但是，股权的集中会产生另一种相反的效果，即大股东利用其控制力干预企业的经营，从而以其他股东的利益为代价谋求自己的利益，产生"隧道行为"。对于股权集中度，选取了两个衡量指标：一是股权集中度指标，用 TOP1—EQUITY（缩写为 TE）表示第一大股东持股比例；二是股权制衡度指标（K），即第二到第五大股东所持股比例之和（T2－5）与第一大股东持股比例（T1）之比。

第二，股东身份状况。这是一个状态变量，如果公司股本结构中存在国家股，则 S_1 等于 1，否则等于 0；如果公司股本结构中存在法人股，则 S_2 等于 1，否则等于 0。

　　第三，高管人员持股比例。H_1：2007～2013 年上市公司经理层持股比例。H_2：2007～2013 年上市公司董监事持股比例。

　　第四，两职兼任状况。如果上市公司存在两职兼任（包括副总经理兼任董事长的情况），则 T 等于 1；若是两职分任（包括总经理兼任副董事长的情况），则 T 等于 0。

　　第五，董、监事会规模。B：董事会人员总数。S：监事会人员总数。

　　第六，独立董事比例。I：独立董事占董事会总人数的比例。

　　第七，资本结构。用上市公司的资产负债率（RDA）来表示。资产负债率是公司总负债与总资产的比率。

　　共计有 11 个解释变量。

　　所有变量说明如表 5－1 所示。

表 5－1　　　　　　　　　　　　　　变量说明

指标类型	变量	指标名称	指标描述
因变量	ROA	总资产收益率	净利润/总资产
因变量	Q	Tobin'Q	市场价值加上负债/总资产
自变量	TE	股权集中度指标	第一大股东持股比例
自变量	K	股权制衡度指标	第二到第五大股东/第一大股东
自变量	S_1	国家股指标	存在为 1，否则为 0
自变量	S_2	法人股指标	存在为 1，否则为 0
自变量	H_1	经理层持股指标	经理层持股比例
自变量	H_2	董监事持股指标	董监事持股比例
自变量	T	两职兼任指标	董事长总经理为一人取 1，否则为 0
自变量	B	董事会规模指标	董事会人数
自变量	S	监事会规模指标	监事会人数

续表

指标类型	变量	指标名称	指标描述
自变量	I	独立董事指标	独立董事人数/董事会人数
自变量	RDA	资本结构指标	资产负债率

四、样本公司基本情况

本书所选取的 7509 个样本公司行业分布如表 5 - 2 所示。

表 5 - 2　　　　　　样本公司所处行业分类情况

样本公司所处行业	选取样本公司的数量
农、林、牧、渔业	159
采掘业	265
制造业	4339
电力、煤气及水的生产和供应业	430
建筑业	193
交通运输、仓储业	431
信息技术业	404
批发和零售贸易	615
社会服务业	258
传播与文化产业	86
综合类	329
合计	7509

各变量的基本情况计算如表 5 - 3 所示。

表 5 - 3　　　　　　样本公司各变量基本情况统计表

变量名称	变量定义	最小值	最大值	均值	标准差
ROA	净利润/总资产	-0.817	0.920	0.037	0.062
Q	市场价值加上负债/总资产	0.354	10.922	1.824	1.151
TE	第一大股东持股比例	0.022	0.885	0.368	0.160
K	第二到第五大股东持股比例/第一大股东持股比例	0.005	3.923	0.496	0.518
S_1	是否存在国家股	0.000	1.000	0.431	0.495
S_2	是否存在法人股	0.000	1.000	0.005	0.070
H_1	经理层持股比例（%）	0.000	0.693	0.011	0.062
H_2	董监事持股比例（%）	0.000	0.692	0.011	0.060
T	两职兼任状况	0.000	1.000	0.122	0.328
B	董事会人员总数	4.000	18.000	9.321	1.939
S	监事会人员总数	1.000	13.000	4.052	1.340
I	独立董事占董事会比例（%）	0.091	0.800	0.365	0.054
RDA	资产负债率（%）	0.007	0.997	0.511	0.189

5.3　描述性统计分析

对样本公司统计数据的一般描述性分析如下。

一、样本公司股份集中度的描述性统计分析

公司第一大股东持股比例的分布情况如表 5 - 4 所示，国有持股分布情况如表 5 - 5 所示。

表 5-4　　　　样本公司第一大股东持股比例分布情况

第一大股东持股比例（%）	公司数量	占样本公司比例（%）	公司平均ROA	公司平均Tobin'Q
0 ~ 10	143	0.019	0.012	2.114
10 ~ 20	975	0.130	0.029	2.125
20 ~ 30	1787	0.238	0.032	2.046
30 ~ 40	1509	0.201	0.035	1.746
40 ~ 50	1356	0.181	0.039	1.672
50 ~ 60	1058	0.141	0.042	1.707
60 ~ 70	485	0.065	0.059	1.493
70 ~ 80	150	0.020	0.051	1.198
80 ~ 90	46	0.006	0.039	1.129
90 ~ 100	0	0.000	0.000	0.000

表 5-5　　　　　　　　国有持股分布情况

国有持股比例（%）	公司数量	占样本公司比例（%）	公司平均 ROA	公司平均 Tobin'Q
0 ~ 10	4932	0.657	0.037	1.961
10 ~ 20	398	0.053	0.022	1.709
20 ~ 30	426	0.057	0.029	1.688
30 ~ 40	463	0.062	0.034	1.608
40 ~ 50	508	0.068	0.037	1.594
50 ~ 60	454	0.060	0.042	1.491
60 ~ 70	208	0.028	0.056	1.243
70 ~ 80	90	0.012	0.063	1.121
80 ~ 90	30	0.004	0.065	1.069
90 ~ 100	0	0.000	0.000	0.000

从表 5-4 中可以看出，样本公司第一大股东持股比例大部分集中在 20%~30%、30%~40% 以及 40%~50% 这三个区间，说明大部分公司处于股权相对集中的状态。由表 5-5 可以看出，1/2 以上的公司国家股持股比例集中在 0~10% 的区间内，其中，国家股持股比例为零即民营的上市公司样本为 4269 个，占到总样本的大约 57%。可见国有与民营上市公司的数量大致相等。

二、高管人员持股与董、监事持股的描述性统计分析

在 7509 个样本中，经理人持有股份的样本有 4726 个，占样本总数的 63%，未持有股份的样本有 2783 个，占样本总数的 37%；董监事会成员持有股份的样本有 4224 个，占样本总数的 56%，未持有股份的样本有 3285 个，占样本总数的 44%。可见，在我国，上市公司已经认识到股权激励制度对公司绩效的重要作用，董、监事会成员持股已经开始广泛推行，这有利于公司治理的改善和公司绩效的提升。然而，从统计数据中我们发现，经理人员和董、监事会成员持股比例仅仅平均为 1.1%，这一持股水平很难起到足够的激励作用。我国上市公司应该加大股权激励制度的推行力度，更大程度地发挥高管人员的积极性。

三、两职兼任的描述性统计分析

在 7509 个样本中，实行两职兼任的样本只有 918 个，而实行两职分任的样本数则有 6591 个。从表 5-6 中的数据可以看出，两职兼任比两职分任能产生较高的公司价值成长能力，而两职分任则能产生较高的公司价值。这说明，在我国体制环境和经济环境中，尽管两职兼任可能损害公司短期的绩效，但是，两职兼任更有利于公司的长远发展，促进公司价值成长能力的提高。

表 5 - 6 两职兼任情况

兼任情况	公司数量	占样本公司比例（%）	公司平均 ROA	公司平均 Tobin'Q
两职兼任	918	12	0.033	2.028
两职分任	6591	88	0.037	1.795

四、董、监事会规模的描述性统计分析

董事会累计分布情况如表 5 - 7 所示。

表 5 - 7 董事会累计分布情况

董事会人数（人）	样本数（个）	占比（%）	累积样本数（个）	累积占比
4	2	0.0002663	2	0.0002663
5	148	0.0197097	150	0.019976
6	185	0.0246371	335	0.0446131
7	777	0.1034758	1112	0.148089
8	564	0.0751099	1676	0.2231988
9	3821	0.508856	5497	0.7320549
10	233	0.0310294	5730	0.7630843
11	1012	0.1347716	6742	0.8978559
12	290	0.0386203	7032	0.9364762
13	154	0.0205087	7186	0.956985
14	76	0.0101212	7262	0.9671061
15	212	0.0282328	7474	0.9953389
16	5	0.0006659	7479	0.9960048
17	18	0.0023971	7497	0.9984019
18	12	0.0015981	7509	1

董事会作为代表公司行使法人财产权的必要会议体机关,处于公司内部治理结构的核心。公司规模越大,经营范围越广,涉及的业务越多,可能需要更多具有不同背景和不同领域的专业人士加入,所以其董事会规模可能越大。根据对样本上市公司的分析,董事会人数分布区间为4~18人,与《公司法》有关董事会人数的规定相符,其中董事会平均人数为9.321人。对董事会规模的频数进行分析发现,样本公司中,采取7人、9人、11人规模的较多,分别占样本总数的12%、10%、50%、13%,且多数公司的董事会人数为奇数制,占样本总数的82%。奇数的董事人数有助于表决的顺利执行。

从表5-8中的统计结果来看,3人制、5人制和7人制的监事会对应的样本个数最多,说明大部分上市公司采用3人制、5人制或7人制的监事会结构,而采用1人制、2人制以及8人制以上的样本公司比例很少。综合ROA和TQ指标来看,3人制的监事会结构绩效较好。但是,仅仅依赖这两个财务指标尚不足以全面衡量监事会规模与公司绩效之间的关系,再考虑到监事会在国内所处的弱势地位,监事会规模大小几乎不能影响公司的发展态势,在某种程度上,监事会必须接受董事和经理的行为的结果,即董事和经理的经营决策将由董事、经理和监事一起来享受和承担,尽管他们各自承担的法律责任是不同的。因此,一方面,为着手解决监事会缺乏有效的手段去行使职权的困境,应该在《公司法》中授予监事会在必要时对有关异常事件进行调查,并将调查结果报告股东大会;另一方面,为加强监事对董事和经理行为的监督,应该在《公司法》中规定,对由于监事不能对董事会及董事经理的违法、违反章程的行为实行有效监督从而造成公司与股东损害的,监事应与董事、经理连同承担赔偿责任。

表 5 − 8　　　　　　　　　监事会累计分布情况

监事会人数（人）	对应样本数（个）	所占比重（%）	公司平均 ROA	公司平均 Tobin'Q
1	5	0.000666	0.008875	1.995705
2	65	0.008656	0.027836	1.827986
3	3968	0.528433	0.036392	1.9152
4	270	0.035957	0.036027	1.929324
5	2537	0.337861	0.035657	1.734459
6	243	0.032361	0.040557	1.533667
7	319	0.042482	0.040215	1.613477
8	31	0.004128	0.044165	1.462932
9	55	0.007325	0.0723	1.663853
11	6	0.000799	0.056213	1.376097
12	8	0.001065	0.046714	1.274711
13	2	0.000266	0.104513	0.942053

五、独立董事的描述性统计分析

独立董事是指不在公司担任除董事外的其他职务，并与其所受聘的公司及主要股东不存在可能妨碍其进行独立判断关系的董事。我国上市公司因种种不规范运作而屡屡出现问题。公司治理效率的低下，与董事会被架空或软弱有很大关系。广大投资者把矛头纷纷指向董事会，要求增强独立董事作用的呼声日渐高涨。根据对样本公司的分析，我国目前上市公司独立董事数目基本在 3～5 人之间，而合肥三洋等企业甚至达到了 6 人。

六、资本结构的描述性统计分析

表 5 - 9 是本次研究所抽取的样本企业的资本结构状况。从统计结果可以看出，大部分企业的资产负债率集中在 30% ~ 70% 的区间。资产负债率较高（70% ~ 80% 以及 80% 以上）的样本比例处于逐年上升的趋势。关于资产负债率的合理范围，并未有统一的规定，因为资产负债率除了反映公司的资本结构政策，还会受宏观环境、行业环境的影响。比如现金流比较稳定的行业资产负债率一般较高，而经营活动中占用大量资金的行业资产负债率一般较低。

表 5 - 9　　　　　　各资产负债率区间的样本数　　　　单位：个

年份 \ 资产负债率	0 ~ 10%	10% ~ 20%	20% ~ 30%	30% ~ 40%	40% ~ 50%	50% ~ 60%	60% ~ 70%	70% ~ 80%	80% 以上
2007	9	32	86	157	184	227	191	84	33
2008	15	35	96	139	184	197	201	109	45
2009	14	45	94	146	179	197	186	141	50
2010	17	43	80	138	199	181	198	120	60
2011	21	55	86	149	182	212	194	129	57
2012	22	70	101	147	212	221	198	146	73
2013	20	70	100	159	175	187	183	142	86

5.4　多元回归分析

本节将建立一个多元线性回归方程，利用 SPSS18.0 软件，采用普通最小二乘法对公司绩效和各解释变量进行相关性分析和回归分析，并采用标准参数检验（F 检验和 T 检验）来确定其相关显著性。拟构造回归方程：

$$ROA = a_0 + a_1 TE + a_2 K + a_3 S_1 + a_4 S_2 + a_5 H_1 + a_6 H_2$$
$$+ a_7 T + a_8 B + a_9 S + a_{10} I + a_{11} RDA \qquad (5.1)$$
$$TQ = b_0 + b_1 TE + b_2 K + b_3 S_1 + b_4 S_2 + b_5 H_1 + b_6 H_2$$
$$+ b_7 T + b_8 B + b_9 S + b_{10} I + b_{11} RDA \qquad (5.2)$$

利用 spssforwindows18.0 统计软件，分别按照回归方程（5.1）和回归方程（5.2），将有关公司治理结构的各个被解释变量与公司价值和公司价值成长能力这两个解释变量采用普通最小二乘法（全部纳入法）进行回归拟合。回归结果如表 5-10 所示（各回归分析的显著性水平均为 0.05）。

表 5-10　　　各解释变量对公司价值（ROA）指标的回归方差分析

方差来源	Sum of Squares（平方和）	Df（自由度）	Mean Square（均方）	F 检验值	Sig.（显著性）
Regression（回归）	0.511	11	0.046	26.413	0.000
Residual（残差）	1.799	1024	0.002		
Total	2.310	1035			

由表 5-10 可以看出，方程的 F 值为 26.413，显著性为 0.000 < 0.05，方程显著。由表 5-11 可以看出，当用所有被解释变量对公司价值 ROA 指标进行回归拟合时，得到的回归方程为：

$$ROA = 0.036 + 0.074TE + 0.017K - 0.006S_1 - 0.023S_2 + 0.122H_1$$
$$- 0.111H_2 + 0.007T + 0.003B + 0.001 S + 0.004I - 0.105RDA$$

其中，TE、K、B、RDA 均在 0.01 的显著性水平下显著，S_1 在 0.05 的显著性水平下显著。

表 5 - 11　各解释变量对公司价值（ROA）指标的回归系数

解释变量	非标准系数		标准化系数	T 检验值	显著性
	系数	标准误差			
常数	0.036	0.013		2.713	0.007
TE	0.074	0.011	0.253	7.027	0.000
K	0.017	0.003	0.180	5.000	0.000
S_1	-0.006	0.003	-0.059	-2.025	0.043
S_2	-0.023	0.015	-0.043	-1.515	0.130
H_1	0.122	0.197	0.114	0.618	0.536
H_2	-0.111	0.208	-0.098	-0.533	0.594
T	0.007	0.004	0.046	1.623	0.105
B	0.003	0.001	0.103	3.323	0.001
S	0.001	0.001	0.024	0.822	0.411
I	0.004	0.024	0.004	0.153	0.878
RDA	-0.105	0.007	-0.416	-14.912	0.000

　　由表 5 - 12 可以看出，方程的 F 值为 25.894，显著性为 0.000 < 0.05，方程显著。由表 5 - 13 可以看出，当用所有被解释变量对公司价值 ROA 指标进行回归拟合时，得到的回归方程为：

$$ROA = 4.982 - 1.354TE - 0.147K - 0.573S_1 - 1.308S_2 + 0.787H_1$$
$$+ 0.742H_2 + 0.109T - 0.043B - 0.011 S - 0.438I - 2.601RDA$$

其中，TE、S_1、S_2、RDA 均在 0.01 的显著性水平下显著，B 在 0.1 的显著性水平下显著。

表 5 – 12　　　各解释变量对公司价值成长能力 TQ 指标

（托宾 Q 值）的回归方差分析

方差来源	Sumof Squares（平方和）	Df（自由度）	Mean Square（均方）	F 检验值	Sig.（显著性）
Regression（回归）	455.732	11	41.430	25.894	0.000
Residual（残差）	1638.403	1024	1.600		
Total	2094.135	1035			

表 5 – 13　　　各解释变量对公司价值 TQ 指标

（托宾 Q 值）的回归系数

解释变量	非标准系数		标准化系数	T 检验值	显著性
	系数	标准误差			
常数	4.982	0.401		12.429	0.000
TE	− 1.354	0.319	− 0.154	− 4.248	0.000
K	− 0.147	0.101	− 0.052	− 1.448	0.148
S_1	− 0.573	0.086	− 0.194	− 6.699	0.000
S_2	− 1.308	0.467	− 0.081	− 2.803	0.005
H_1	0.787	5.950	0.024	0.132	0.895
H_2	0.742	6.269	0.022	0.118	0.906
T	0.109	0.132	0.023	0.829	0.407
B	− 0.043	0.023	− 0.058	− 1.867	0.062
S	− 0.011	0.031	− 0.011	− 0.360	0.719
I	− 0.438	0.729	− 0.017	− 0.601	0.548
RDA	− 2.601	0.213	− 0.341	− 12.197	0.000

下面是多元回归分析的结果及对结果的讨论：

第一，股权集中度对于公司的短期业绩即总资产收益率具有显著正向的影响，而对于公司的长期业绩即托宾 Q 值却具有显著负向的影响。这说明，股权集中度的提高有利于提升公司的短期业绩，但却不利于提升公司的长期业绩。股权制衡度对于公司短期会计业绩即总资产收益率具有显著正向的影响，这说明，在我国上市公司中，确实存在着某种程度的大股东控制和侵蚀公司价值的现象，而当其他四大股东的股权集中度提高能够与第一大股东相抗衡时，则可以约束第一大股东的控制力，从而防止第一大股东的侵占行为，同时可以提高公司绩效。另外，公司是否存在国家股对总资产收益率和托宾 Q 值均具有显著负向的影响，说明国有股权不利于公司业绩的提升。

第二，董事会规模的提升有利于提升短期公司业绩，但是不利于长期公司业绩的提升，其可能的原因在于过多的董事会人数可能造成资源浪费、"搭便车"等问题，影响董事会决策效率，而过少的董事会人数又起不到监督和约束管理层的作用。公司董事长是否担任总经理或副总经理对公司绩效影响也不显著。这方面受公司治理规范程度的影响。而监事会规模对公司绩效的影响不显著。这可能是由于监事会的作用发挥不够。

第三，独立董事比例对公司业绩的影响不显著。看来独立董事制度并不一定能够发挥好监督作用。这可能是由于独立董事缺乏企业经验（独立董事一般来自高校）及获得信息不充分等原因导致了上市公司独立董事不能发挥有效的作用。

第四，经理股权激励对长期公司绩效和短期公司绩效均无显著的影响，其可能的原因在于，在中国的上市公司，经理激励股权机制尚不完善，无法很好地发挥应有的激励作用。董、监事持股比例对绩效影响不显著，董事会的结构不合理以及被经理人控制等原因都会影响董、监事作用的发挥。

第五，资产负债率对长期公司业绩和短期公司业绩均有显著负向的影响，其原因在于，尽管适度负债可能有利于公司业绩的提升，然而中国上市公司的资产负债率可能处于偏高的水平，负债比率的提高会增加公司的财务风险，财务风险的提高会导致企业对经营风险的苛刻要求和企业总体风险的提升，最终可能带来不良的结果。

第 6 章

以治理有效性为导向的我国 上市公司治理的优化

在公司治理层面，若要让公司治理更好地为公司绩效服务，必须使公司治理以有效性为导向。公司治理有效性是企业生存发展和提高公司绩效的核心层面因素。一个公司长期绩效的获得，必须以有效的公司治理为基础，两者的方向一致并体现为因果关系。可以这样说，一个公司的绩效，在治理层面表现的就是公司治理有效性。探讨公司治理有效性的目的，是要以公司治理有效性的理论来指导实践，提高公司绩效，推动企业持续发展。

6.1 公司治理有效性的国际比较

成熟市场经济国家的公司治理模式主要有两种类型，即英美模式和德日模式。以下从不同方面对两种治理模式的有效性进行比较。

一、资本结构有效性的比较

公司所需要的资本可以从两个方面获得，一是通过发行股票；二是通过举债。不同的融资方式对公司治理的影响不同。两类模式的国家虽然都用这两种融资方式，但不同来源的资本构成比例不同，即资本结构不同。

我们用两个指标来反映不同国家资本结构的差异。第一个指标是每100万人拥有的上市公司数。英美模式国家的这个指标远远超过德日模式国家，1994年，英国该指标为36，属于德日模式的法国为10家。德国的股份公司很少，只有2000多家，其中上市的只有650家左右。因而德国的股票交易成交量相对较小，1989年德国股票交易量为84.8万股，纽约证券交易所为4100.7万股。第二个指标就是外部股票的价值占国家GNP的比率，英美模式国家的这个指标也远超德日模式国家。1994年，美国该指标为56%，法国为21%。通过两类指标的对比，可以看到，与德日模式国家相比，英美模式国家的公司更加依赖于外部股权融资。①

不同国家公司资本结构的差异，会导致不同的公司治理方式。股票融资为主的国家侧重解决所有权与经营权分离产生的外部代理成本问题；债务融资为主的国家侧重解决负债代理成本的问题。在以外部股权融资为主的英美模式国家的企业里，股权分散、所有权与经营权高度分离，出现了强经营者、弱所有者的组合，没有强大的外部治理，所有者与企业的利益很难获得保证。美国有非常健全的投资者保护法律，其公司外部治理机制中的经理市场、产品市场、资本市场，随时会淘汰绩效差的经营者。英美国家企业债券发行量很大，企业债券的债权起到了很好的治理作用。在债务融资占重要地位的德日模式国家的企业里，银行扮演着重要的治理角色，一方面它是企业的债权人；另一方面它又是企业的股东（并且是核心股东）。银行向债务公司的董事会或监事会派驻代表，银行通过董事会或监事会监督执行层借贷的数额、贷款的使用，在公司出现问题时，变动执行人员。银行在公司治理中的积极作为，有效地降

---

① 数据来自 http://www.gougou.com/2P7SHTL1

低了负债成本，改善了公司的治理效率。德国和日本的资本市场没有英美发达，外部治理效率较低。

二、股权结构有效性的比较

英美模式与德日模式在股权结构方面的区别明显。受股权结构不同的影响，公司治理效率有很大的差异。

英美模式国家的企业，股权结构分散，股权的分散使股东们没有能力和动力行使对公司直接监督的权力，他们只是在法律术语上拥有对公司事务的控制权，他们实际的参与同其重要的地位不相符。股东们关注的是股票的红利、股票的价格、股票的转让。股东对股票收益和价格的关注对董事会成员和经营者形成了约束，使其努力为股东提供更多的回报，否则，股东抛售股票，将导致企业被他人收购，企业控制权发生转移，董事和经理被更换。除了使经营者努力为股东提供回报外，与美国分散的股权结构相伴的公司规模经济、低融资成本和管理者专业知识等可能会为企业带来的收益远高于股权分散带来的高代理成本。

从 20 世纪 80 年代开始，美国的机构投资比例不断上升，到 2001 年机构股东持股比例已达 57.6%[①]。机构投资者对公司治理与公司绩效的作用，人们还在争论。积极的观点认为，机构投资者有力量扮演"积极投资者"的角色。消极的观点认为，机构投资者不会对企业经营的改善起太大作用。他们列举了很多原因，如长期关系性投资牺牲兑现性成本过大、机构投资者不一定具备为企业提供管理建议的技能及在信息不对称条件下过多参与所投资公司治理会产生很大风险等。

日本银行处于公司治理的核心地位。法人间相互持股、股权集

---

① 严也舟. 美国机构投资者与公司治理. 当代经济. 2006（8）：81

中、银行持股比例大是日本股权结构的基本特征。主银行既是公司的最大贷款者，同时又是公司最大的股东。

银行是核心股东，法人间相互持股，有利于节约交易成本，保持公司长期经营、稳定发展。银行作为股东，希望企业长期经营，使其获得长期收益及保证投入企业资金的安全。对于企业来讲，银行持股有利于其解决财务困难，减少代理成本。但是，德日模式股权结构也有一些弊端。这种股权结构不利于对外融资，企业并购受到限制，分散股东的利益易受到剥夺。在日本，法人相互持股导致由于股票流动性差形成的企业经营者缺少证券市场的压力、企业的经营问题不容易及时显露等问题。法人相互持股使所有者的权利被架空，经营者行使决议权。法人股东之间达成某种默契，互不反对公司的议案，股东大会仅起到将董事会议案合法化的作用。在这种治理下，股东被架空了，发挥作用的是经营者。经营者脱离了股东的监督与控制，负责战略决策和日常经营，这样的治理方式不利于决策质量的提高及高素质经营者的选拔。在日本，因法人相互持股形成了保持沉默、不发言的公司治理现状，造成了日本企业效率的低下。法人相互持股导致了证券市场股票流动性差，企业经营者缺少来自市场的压力。

三、董事会有效性的比较

英美的董事会是单层制董事会。单层制是指公司机构设置上没有独立的监事会，决策机构与监督机构合一，董事会同时具有决策与监督的职能。董事会内部设置了不同的委员会，以便协助董事会更好地进行决策。英美公司董事会大都设有执行委员会、薪酬委员会、审计委员会等部门。这些委员会一般都由董事长直接领导，有的实际上行使了董事会的大部分决策职能。次级委员会的权力来自董事会，董事会有权接受和拒绝来自下属委员会的建议。在各种委员会中，执行委员会权力最大，其成员通常由内部董事构成。英美公司的董事分成内部董事与外部董事。外部董事一般在董事会中占多数，美国大多数公司的内部董事人数为 3 人，很少有超过 5 人的。外部董事比例占优会加强董事会对经营者的监督与控制。英美大公司中存在的一个普遍现象是公司首席执行官兼任董事会主席，这种情况虽增强了决策的效率，但降低了董事会的独立性，其结果是董事会难以发挥监督职能。

从法律上讲，英美的董事会权力很大，它拥有对公司经理及其决策进行监督、控制、聘任、解雇等权力。但在企业实际运行中，董事会常常被总经理操纵，这是因为，内部董事作为总经理的下级，要按其意图行事，外部董事由于是由经理推荐或受经理操纵的提名委员会推荐，也不能对经理提出过多的批评。董事会被经理控制的深层原因是：英美股权结构分散，不存在能够影响董事会的大股东，而小股东及机构投资者缺乏干预董事会的愿望与能力；英美董事会的领导体制即董事长与总经理合一的体制为总经理操纵董事会提供了便利。此外，外部董事不是公司全职雇佣员工，对企业的内部信息了解少，也降低了董事会监督与控制的能力。

董事长与总经理合一的领导体制，对企业经营易产生一些负面影响，这突出表现在企业的决策质量的降低，企业的风险控制能力降低。董事与经理合一使董事会忙于日常决策，不能有效地进行重大决策。

从积极的方面看，英美的董事会制度也具有很大的优势：一是从理论上讲，强调外部董事的比例有利于增强董事会的独立性，这可以确保董事会的公正性、客观性，这对企业决策与经理控制都是必需的。另外，外部董事还会给企业带来新的信息和资源。虽然以前外部董事的作用发挥得不够，但政府已意识到此问题，2003 年 2 月美国证券交易委员会批准了美国纽约证券交易所和纳斯达克市场提出的上市公司治理新规则，该规则为强化董事会的独立性提出了很多严格的要求。二是董事长与总经理合一的领导体制也有其积极的作用，它可以实现高度的自主经营，有人认为这是英美公司保持竞争力的一个因素。

日本公司从结构上设有独立的董事会、监事会，董事会行使决策职能，监事会行使监督职能。从法律上讲，日本公司的董事会受股东大会与监事会的监督，但在实际上，受由各持股法人的社长、总经理组成的"大股东会"和主银行的监督。

日本董事会的董事分等级，顺序是社长、专务、常务、一般董事。社长提名的董事候选人，一般在股东大会自动被委认。

日本公司普遍设立由主要董事组成的常务委员会，它具有执行机构的功能，其成员既参与公司的重大决策又掌握执行权，这种决策权与执行权相统一的公司，占日本股份公司的绝大多数。日本公司的董事会成员一般由企业内部产生，大多数董事由公司各事业部部长和分厂领导兼任，董事会中的股东代表很少。另外，在日本公司董事会中，有一名以上的董事常常会是公司主银行的前任主管。从日本的董事会制度可以发现，日本的经营管理者处于董事会核心地位，董事与管理人员合一，经营者享有充分的主权，这种体制既有利于管理人员的稳定也有利于企业的稳定。除此之外，由于管理者处在决策者与执行者合一的位置，企业的决策可能更贴近企业实际并更利于执行。但日本董事会制的负面作用也是很明显的。在日本，由于公司董事成员主要来自企业内部，经理层控制了董事会，董事会与经理层相互制衡的关系被破坏，有可能出现损害股东利益的行为。社长提出董事成员并被股东大会自动承认，再由这些董事选举社长，这容易使董事会被一人控制。被控制的董事会可能使企业的问题被掩盖，错误得不到纠正，最后影响企业绩效。日本的董事会结构造成了企业战略决策者与执行者合一，影响了企业内部治理结构上的合理分工，造成了职能上的混淆。公司董事会承担过多的日常工作，分散精力，陷于短视，不利于分工效率的获得。日本公司董事会体制在战略选择方面缺少公正性，在董事和经理选择上缺少客观性，这些都会影响企业的经营绩效。

德国实行的是双层董事会制度，由一个地位较高的监事会（监督董事会）监管一个代表利益相关者的执行董事会（管理董事会）。这种董事会的模式是社会导向的。处于较高地位的监事会全部由非执行董事组成，成员包括以下利益相关者：股东、雇员、银行、职工代表。另外，一般公司的监事会中还包括卸任的公司总经理。监事会成员一般要求有比较突出的专业特长和丰富的管理经验，监事会主席由成员选举产生。监事会主要权责包括：任命、监督、解聘执行董事；对公司重要事项进行决策；审核公司账目；决定管理层薪酬。监事会没有插手公司日常管理的权利，但执行董事会要定期向其汇报。执行董事会全部由执行董事组成，主席是CEO，其成员与监事会人员构成上没有交叉。德国董事会的一个重要特色是职工代表进入监事会参与公司重大经营决策。

德国公司的监事会成员与执行人员分开，并且具有较高的素质，这为有效选择企业经营者创造了条件，同时也能相对保证重大决策的公正及决策质量。职工代表与主银行代表一起进入监事会参与决策有利于对公司经营的监督，也有利于企业持续、稳定的发展。与英美相比，德国公司监管人员独立性要差一些，如银行人员与前任执行董事成为监事会的成员，他们与公司及现任执行董事有商业上的或私人关系（甚至公司前任执行董事担任了监事会主席），这影响了监事会的独立性。另外，德国的监事会缺少专家组成的次级委员会，这也影响了监事会监督与决策等方面的效率。

四、经理激励及其效率比较

英美模式与德日模式的经理激励机制不同。英美模式的特点是：公司经理报酬高；经理报酬与普通工人差距悬殊；经理报酬组合中长期的激励项目比重大。德日模式的特点是：公司经理报酬较低；经理报酬与普通工人差距小；经理报酬组合中长期激励项目小或没有。

虽然德日模式国家经理报酬不如英美模式国家，但他们创造的企业绩效却不比英美差。1994 年，美国埃克森石油公司与荷兰壳牌石油公司①总经理的收入分别为 550 万美元和 50 万美元，差距 10 倍之大，但两家企业的销售收入与盈利能力都很相近。②

可以这样理解两类模式国家经理收入的巨大差距。英美模式公司经理报酬高有股权结构的原因也有市场等其他方面的原因：一是股权方面的原因。英美模式国家由于股权分散，股东对经营者约束较弱，经理依靠其内部信息优势对自己报酬提高要价。在德日模式国家，公司股权集中，主要股东对经理行为可以直接约束，在经理人激励上不必付出过高的成本。二是由于市场的原因。经理人的能力对企业至关重要，但有能力的经理人在市场上是稀缺的，美英模式国家经理人流动性强，企业要用巨额报酬吸引有才能的经理。此外，日本企业的团队精神和德国企业工人参与董事会决策也使经理很难获得更高的收入。

美英模式公司经理的高报酬与市场情况密切相关，不断地追求企业的盈利使美国企业具有活力，美国企业在技术、管理、制度创新等方面走在了世界的前列。

6.2 以治理有效性为导向优化我国上市公司治理的路径分析

公司治理有效性是构成公司治理体系各组成部分共同作用的结

---

① 该公司治理模式属于德日治理模式。
② 曹丰. 西方经理人员激励的效果分析. 财贸研究. 2001（1）：33

果，换句话说，公司治理有效性是构成公司治理体系的各组成部分的函数。要提升公司治理有效性，就要对构成公司治理体系的各组成部分进行优化。资本结构、股权结构、董事会与经理层等方面是本书探讨的重点。

一、优化路径之一：调整公司资本结构、改善债权治理

我国上市公司资本结构体现出以下特点：一是债务融资比率低。上市公司管理层偏好于股权融资，公司所有者提供的资本在总资产中所占比重高。债务融资低反映在资本结构的比率上，表现为股东权益率比较高，资产负债率偏低。2002 年、2003 年上市公司的平均资产负债率分别为 50.91% 和 50.11%，低于世界主要工业国家，例如美国的资产负债率一般在 60% 左右，日本在 70% 左右，而德国、法国在 70% 以上。[①] 过低的负债比率表明上市公司没有充分利用财务杠杆。二是负债结构不合理。负债结构是资本结构的一个重要方面。上市公司负债结构不合理主要体现在流动负债水平高和长期负债结构不合理。我国上市公司在这几年流动负债占负债总额的 78%[②]，流动负债高是因为上市公司净现金流不足造成的。此外，上市公司还过度依赖长期借款，其原因是，上市公司在政府的扶持下，容易得到银行的借款。在债权治理方面，债权对企业经营很难起到硬约束的作用。在上市公司债务到期还不起借贷本息的情况下，政府出于政治考虑经常出面干预，银行在此压力之下，对债务的还款期限、利息支付及坏账处理方面对企业放宽要求。在这种情况下，当企业经营失败、无力履行债务契约的时候，债权人不能

---

① 王国银，涂云海. 我国上市公司资产负债率偏低原因及对策. 合作经济与科技. 2005（11）：32

② 常有玲，宫金华. 我国上市公司资本结构特点和融资行为分析. 中国市场. 2006（45）：19

由债权持有者转化为债务所有者，按照契约或有关法律对债务人进行相继治理，对债务资产进行有效的保护。从企业的经营者角度看，他们也不用因为非常害怕控制权的丧失去努力经营企业，力争保持财务状况良好。另外，在我国，银行由于自身的机制约束及管理水平，不会像成熟市场经济国家那样，对企业的平时经营发挥集中的、专家式的监督作用。

由于我国上市公司资本结构的缺陷及债权治理的弱化，上市公司在资本结构和债权治理方面存在很大优化和提升的空间。

在优化资本结构及改善债权治理方面可以做如下工作：

第一，调整上市公司资本结构中的债务比重。资本结构中债务比重的增加可以减少代理成本。对于特定的企业来说，存在着最优的资本结构。确定最优的资本结构，首先应考虑到影响资本结构的因素，其次要权衡债务比重增加给企业带来的收益和债务增加给企业带来的成本之间的大小。

第二，拓宽融资渠道，调整债务结构。在企业资本的债务融资方面，我国企业依赖于长期银行借款，这是我国债券市场发展长期滞后造成的。在资本市场成熟的国家，债券融资以成本低的优势使其成为上市公司首选的融资方式，这些国家债券市场的规模也要大于股票市场。扩大企业的债券融资，可以加强资本结构的治理功能，债券融资在降低代理成本方面具有银行借款不能替代的作用。从我国目前的情况看，债券融资对企业经营的约束能力要强于银行借款。在我国，发展债券市场扩大企业债券融资，应做好以下工作：一是完善资本市场结构，明确债券市场的主体地位；二是放松政府对企业债券市场的管治，让市场机制与规则调整企业债券市场的行为；三是完善信用评级制度，有效改善投资者与发行公司之间的信息不对称问题；四是提高企业债券的流动性。

在改善债务结构方面还有一种融资方式是发达国家大量使用的，即融资租赁，融资租赁方式灵活，代理成本低，可以改善企业的债务结构。相对于银行贷款来说，公司债券具有独特优势，持有公司债券的人是法人或自然人，不同的产权主体使债券具有更强的约束性，会对企业经营者形成真正的硬约束。

第三，强化债权人相机性控制。当企业有偿债能力时，股东是企业的所有者，拥有企业剩余索取权与剩余控制权，这时债权人只是合同收益的要求人；当企业不能偿还债务时，债权人依法取得剩余索取权与剩余控制权。相机治理加强了债权人对企业的监督，对经营者施加了压力，一旦企业经营不佳，债权人就有可能进入企业，掌握企业的控制权。债权人进入企业后，可有效地对企业资产进行整合，保护自己的正当权益。强化债权人的相机性控制，可以提高企业治理效率。

第四，允许银行对公司进行持股，加强银行在企业治理结构中的作用。银行对公司持股有两种获得方式，一是主动购入；二是债转股。银行对公司持股后，可以发挥出专业、信息等方面的优势，加强对企业的监督；可以通过参与企业的决策，对企业的治理与经营进行指导。银行参股企业，可调整企业的债权、股权的构成，调整债权人、投资者、经营者及其他利益相关者的关系。银行对企业持股，使债权和股权相互结合，形成对公司的治理合力，恰当结合能对企业的治理起到改善的作用。

第五，健全企业的破产机制。企业的破产机制是对企业经营的强约束，也是债权治理的重要体现。我国《破产法》实施以来，出现了很多问题。一是《破产法》本身设计的缺陷，如债权人参与公司治理与管理方面及破产程序的权力不够；另一方面是《破产法》具体执行方面的问题，如政府对企业破产方面的干预。公司立法与执法方面的问题，在一定程度上弱化了债权治理的力度，强化了企业的经营风险。针对企业破产方面存在的问题，在健全破产机制方面，一要完善相关的法律；二要减少对企业破产过程中的人为干扰。

二、优化路径之二：改善公司的股权结构

我国上市公司股权结构体现如下主要特点：一是股权过于集中，国有股占绝对优势。我国上市公司大多由国有企业改制而来，国有股处于绝对控股地位，只是为了满足法律要求设置了一些法人股东。上市公司国有股比重大，股权高度集中，风险成本高。二是流通性受限制。2005年以前，上市公司的国有股、法人股处于不能流通状态。2005年股权分置改革后，国有及法人股份按股改要求需锁定一段时间上市。国有股东为了维持控股地位，即使其股份可以上市，也不会轻易出售其所持股份。三是经理层持股少。上市公司经理人持股少是因为企业没有把持有本公司股票作为经理人长期激励的重要手段。我国的股权结构是低效率的，这种股权结构造成政企不分、企业控制权配制不合理、内部人控制、治理结构运作效率低及缺乏有效的激励和约束机制等诸多缺陷。

在股权结构的优化方面，可以采取以下措施：

首先，减持国有股的比例。国有股具有其特殊的性质，它不是由自然所有者持股，存在所有者缺位的特点，产权不明晰。在公司治理上，国有股股权过度集中使内外监控机制难以发挥有效作用，公司模糊治理与内部人控制现象严重。鉴于国有股高度集中及存在严重治理问题，应适当地减持上市公司的国有股比例。在方向上应向法人倾斜，形成一批持股稳定的核心股东，接受国有股的法人包括公司法人、银行和各种机构投资者。在国有股减持的程度上，应根据行业的特点。在竞争的行业，国家可以不控股，甚至可以把所有的国有股股权转让给其他投资主体，对于涉及国计民生的重要行业，国有股可以减持，但应保持国有控股的地位。

其次，加大内部管理人员的持股比例。依据代理理论，提高内部管理人员持股的比例，可以减少代理成本，提高治理效率。转轨

时期，在国有控股上市公司推行经理人持股，操作难度很大，方案设计不好，容易出现国有资产流失，政府与理论界对此问题都持有相当慎重的态度。但是，为了提高治理有效性，允许经理人员持股是一种发展趋势。在经理人员持股的具体运作上，对经理人员的持股数量及持股的成本应合理地确定界限，经理人员的持股比例要满足参与约束与激励相容约束，在价格的确定上，应参照市场的价格，只要经理持股方案设计合理，运作得当，应当说对于个人、企业和国家都是有利的。

再次，保护中小投资者的利益。许多实证研究证明，保护中小股东的利益与公司绩效是正相关的。保护中小股东的利益可以降低"第二类"代理成本，即有控制地位的大的投资者与分散投资者之间的代理成本。在保护中小投资者的措施上，一是要完善相关的制度体系，使这些制度具有可操作性；二是要加强政府和中介机构对企业的监督职能，严肃查处侵害中小股东利益的企业违规行为。

最后，建立多个大股东相互制衡的适度集中型的股权结构。从治理效率上来看，高度集中的股权结构与分散型的股权结构都有很大的缺陷。高度集中型股权结构虽然由于利益关联性强，大股东参与治理的积极性高，但大股东因处于绝对控股的地位，其他股东很难对其进行制衡，大股东可能操控企业经营，凭自己的特殊地位损害中小股东利益。分散型的股权结构虽然减少了个别股东对多数股东的利益侵占的风险，但也失去了大股东对经营者进行监督的收益。由于监督成本的存在，众多小股东不愿花费精力对经营者进行监督。鉴于以上两种股权结构的缺陷，笔者认为应建立多个大股东相互制衡的适度集中型的股权结构。这种股权结构，由于有大股东的存在，解决了股东对经营者的消极监督问题。同时，由于多个大股东的相互制衡性，也避免了"一股独大"造成的治理效率的缺失。

在确定股权结构模式后，接下来要解决的是相互制衡大股东的数量与各方持股比例的问题。对于大股东的数量问题，下限容易确定，即不能少于 3 人，因为两个股东容易发生共谋侵害其他股东利益的问题。上限应视企业的规模而定，根据已有的经验，不宜超过 5 人，最多不应超过 10 人，股东人数过多会影响决策的效率。在持股比例上，均衡持股模式（各大股东持股比例相差不大）存在控制权过度争夺与决策保守的问题，对这种模式赞同的人不是很多。大多数人认可的是非均衡模式，该模式存在持股比例相对大的控股股东，但其持股份额应小于等于其他几个股东持有的股份之和。这种比例看上去在某种程度上能解决均衡持股模式造成的控制权过度争夺与决策保守的问题，但在这种模式下解决这些问题也是有条件的，即各大股东持有的股份相对于总股本要比较高且股东人数不易太多，否则同样会发生均衡持股模式带来的问题。

三、优化路径之三：强化董事会治理

我国上市公司董事会主要有下列特点：第一，董事会成员通常由大股东的代表组成。大部分上市公司股权集中，与此相对应，董事会成员大多由大股东推荐产生。第二，独立董事比重小，执行董事占董事会成员的大多数。从执行董事的人数上看，上市公司的董事会是内部人控制的董事会，独立性差。2002 年我国上市公司平均独立董事的人数为 2.31 人，平均董事人数为 9.91 人。[1] 第三，董事会很少设立各专业委员会，董事会内部分工不明确。上市公司董事会内部发育很不健全，具体表现在承担董事会职能的各专业委员会设立的很少，这导致了董事会内部分工不明确，影响了董事会作用的发挥。第四，董事会的职能发挥得不好。董事会应有效发挥战略决策与内部监控的职能。由于上市公司董事会独立性差，且没有

---

[1] 宝连，汪睿林. 论我国上市公司董事会治理现状及强化对策. 内蒙古大学学报（人文社会科学版）. 2004（3）：96

足够的激励,董事会职能被削弱。第五,问责机制不健全。我国法律对董事未能履行义务及由于其自身原因给公司造成损失的情况没有明确规定赔偿责任。第六,董事会开会频率低,出席率不高。第七,董事出席会议获得的信息不够,决策程序简单。董事会召开前,公司经理层没有向董事提供详细的应传递的信息。我国公司法对董事会的议事规则规定得比较简单,如在表决方面,只规定决议过半数即可通过。第八,对董事会的考核与激励约束机制不健全。我国绝大多数公司对董事会的考核没有制度化,没有统一的标准。对董事的激励不到位,2002年占董事会36.98%的董事不在上市公司取酬,上市公司董事平均持股为31450.17股。① 从约束机制上,按《公司法》的规定,监事会与董事会是平行机构,对董事会有监督义务,但监事会只被赋予了有限的监督权力,对董事会不具备直接任免与控制的权力。

为了强化董事会的治理功能,笔者认为应从以下方面加强董事会的建设。

1. 优化董事会的规模和结构。董事会规模和结构的优化应体现在如下几个方面:(1)确定合理的董事会规模。董事会规模应视企业的具体规模而定。董事会成员的人数不宜过少,人数过少很难完成董事会的职责。有人建议建立小规模的董事会,这种观点有一定的片面性,因为在建立董事会规模问题上,不是单纯的大和小的问题,是在什么情况下更合适的问题。但董事会的规模也不宜过大,因为规模大的董事会会出现沟通与协调的困难及董事会成员"搭便车"等不利情况。(2)增加独立董事比例,发挥独立董事的作用。总体上看,我国董事会中独立董事人数过少,应适当增加董事会中独立董事的人数。独立董事的加入可以增强董事会的独立性,可以

---

① 宝连,汪睿林. 论我国上市公司董事会治理现状及强化对策. 内蒙古大学学报(人文社会科学版). 2004(3):96

为企业带来各方面丰富的知识和经验，可以架起企业与所需外部资源的桥梁。董事会中独立董事的人数不应少于3人，3人是形成一个有利批判群体的最低要求。要发挥独立董事的作用，除了要达到一定的人数外，还应做好以下几方面的工作：一是确保独立董事具有相应的任职能力。在独立董事的选拔上，最好选择既有理论知识又有丰富实际经验的各方面专家。二是因为现阶段我国上市公司独立董事的工作重点是在对控股股东及其派入公司的董事和经理的监督上，所以在独立董事的聘任上应采取控股股东回避的措施。三是为独立董事提供必要的条件。让独立董事了解企业的内部信息，信息的渠道包括让独立董事与执行董事及管理人员进行定期与不定期的沟通、为独立董事提供有关资料和报告等。授予独立董事工作职权，让他们除参与董事会决策外，还可以参与各专业委员会的工作，有聘任外部审计机构的权力等。(3)健全董事会机构。董事会通过其下设的各专业委员会发挥职能，专门委员会主要包括审计、提名、薪酬、执行、战略决策等委员会。我国上市公司董事会下设的专业委员会非常不健全，这极大地影响了董事会职能的发挥。应在国家的法律及公司章程中明确规定公司必设的专业委员会，并对一些委员会成员的任职资格提出明确的要求，如有些委员会必须由独立董事组成。(4)对董事素质与能力的要求。具有一定素质与能力的人才能承担董事会的受托责任。董事会的主要成员应具有企业管理、金融、法律方面的知识与经验，同时也要参考其学历条件。在董事会人才多样化方面，应考虑各方面人才的合理搭配。

2. 在董事会的领导结构上，实现董事长与总经理的适当分离。在美国，很多上市公司董事长与总经理是合一的，但在法国、日本等国却要求两者分离。由于两者分离与合一对企业具有正负两方面的效应，所以对此问题的回答不能一概而论。我国上市公司在董事长与总经理是否合一的问题上应视企业的具体情况而定。国有控股企业由于存在内部人控制问题，董事长与总经理应该分设。对于股权集中的民营企业，董事长与总经理职位可以合一，因为这样的企业大股东与其他股东的利益是非常一致的。

3. 加强对董事的激励。为提高董事工作的努力程度，应加强对董事的激励。对董事激励的前提是合理地对董事及董事会进行评价。对董事的评价可以围绕工作效果、勤勉、诚信、知识与能力等方面进行，对这些方面应建立可以量化的考核体系。对董事会的评估应包括检查其结构的合理性与独立性、对经营者的监督、董事会的功能发挥、企业的绩效等方面。董事的薪酬应分为两部分：一部分是基本薪酬；另一部分是激励性薪酬，激励性薪酬可以使用股票期权等形式，使用激励性薪酬的目的是把其自身利益与股东利益结合起来。公司的董事由于工作失误可能面临行政处罚与巨额的民事赔偿。在国外，为了保证董事能为公司利益积极参与决策，建立了董事责任保险制度。我国也应该建立这方面的制度，以利于董事积极履行其职责。

4. 加强董事会与管理层的协调。一个运作有效的董事会应与管理层形成良性的互动，这种互动既有监督又有合作。董事会应能将委托人的理念、目标及企业的战略决策渗透到企业运行的各个方面，也能建立畅通的渠道从管理层处获取有关企业产品、客户反馈、组织问题等方面的信息。董事会对管理的指导应有前瞻性，能在企业繁荣时帮助企业看到问题的苗头，在企业危机发生的早期采取相应的措施防止危险的蔓延。

四、优化路径之四：加强对经理人的激励约束

我国上市公司经理人激励约束方面主要有六个特点：第一，经理报酬水平整体偏低。从整体来讲，我国上市公司经理整体报酬水平偏低，没有太强的激励效果。第二，报酬类型以短期为主，长期报酬所占比重少。第三，我国上市公司没有针对高管层退休后的福

利待遇。公司高管退休后，福利待遇与一般职工一样。这种状况极易引起高管在职时的短期行为。第四，董事会、监事会缺乏对经理人员的有效约束。上市公司的董事会与监事会由于独立性差，不能对经理人进行有效的监控。第五，代理权竞争不充分。我国经理人市场没有建立，人们不能通过市场竞争获得经理职位。在国有控股的上市公司，经理人几乎是通过上级任命获得代理权的。第六，缺乏对经理人员考核的综合评价指标体系。我国上市公司由于缺乏科学考核体系，经理的业绩不能被准确地衡量，影响了经理人员的积极性。

对经理人约束方面，有内外两种约束机制，内部的约束主要是董事会与监事会的约束，外部的约束主要是来自市场的约束。在企业内部应加强董事会与监事会的建设。董事会建设上文已经提及。在监事会建设方面，主要应通过如下措施来加强监事会的监督能力：强化监事的责任，对监事与被监督者共谋损害公司利益的行为及其他渎职行为应追究责任，给予刑事及民事的处罚；加强监事会的独立性；任用与企业不存在关联关系的外部监事；改进对监事的激励方法，让监事的报酬与监督效果挂钩。

在完善上市公司经理人激励方面，应做好以下两方面工作：

首先，应制定合理的经理绩效评价体系。经理的业绩评价指标主要有三个方面：一是企业的年度财务指标，如净资产收益率、每股收益、总资产收益率等，这类指标的缺陷在于其数据并不能完全体现企业的价值，因为它们没有反映风险与时间价值；二是企业的市场价值，企业的市场价值以市场股票价格的涨跌来体现；三是经济附加值，20世纪80年代以后，出现了一类新的业绩评价方法，既 EVA（Economic Value Added）法，中文称为经济附加值法①，它是一种以企业市场价值增值为衡量标准的指标，考虑到了风险与

---

① 其计算公式为：经济附加值（EVA）＝税后净营业利润－资本总成本。

时间价值。不同的报酬方式要参考与其相应的业绩评价指标才能制定得合理。

其次，制定一套行之有效的经理报酬方案。在经理报酬方案的设计上注意以下三个方面：一是要注意到经理人员是较高人力资本的拥有者，经理人员较高的价格是由其劳动的复杂性、资源的稀缺性与工作的重要性决定的。经理人员的报酬与一般员工的收入应有适当的差距；二是经理人员的报酬水平要适合我国国情，我国的国情决定了经理人员的报酬的绝对量应低于西方经理的水平，但这对激励的效果不会影响很大，因为主要决定报酬激励强度的是其报酬与个人财富的相对水平；三是经理人员的报酬应以市场为参照，与业绩相挂钩。

经理报酬方案的最优设计应是多种报酬方式的一种组合，主要有工资、奖金、股票、股票期权、延迟报酬等。因为每种报酬方式都有其优缺点，只用一种会扭曲经理人员的行为，所以应组合使用。工资是一种稳定的收入，是经理报酬中最基本的形式，工资虽然不属于激励性报酬，但它可增强职位对经理人员的吸引力。以往我国经理人员的工资，只与职位或企业的效益挂钩，这种做法有其局限性，不利于企业吸引到称职的人才。最恰当的做法是，经理人员工资应体现市场同类工作的水平。奖金是与企业当年的盈利状况联系在一起的，虽然有很大的激励作用，但容易引起短期行为。股权拥有是一种有效的激励方式，它可增强经理与股东利益的一致性，减少代理成本。经验证明，经理持股对提升企业绩效及企业发展的潜能影响很大。股票期权能使经理人员着眼于企业的长期发展，是激发长期行为的一种有效手段。延迟报酬可避免短期大量支付经理薪酬导致的不公平等，它可以约束经理的行为，起到一定的激励约束作用。根据美国的经验，各种报酬的比例应以工资为主，股票、股票期权次之，其后是年度奖金与递延报酬。

在物质报酬方面，除了上述报酬方式外，经理还有一块利益，即在职消费。在职消费由于能满足人们的尊重需要，也具有激励作用。在职消费方面，应将原来隐形消费公开化、制度化，如公司给经理的公务用车，可以规定在一段时间内（如 5 年）企业绩效达到一定水平后，将其奖励给经理，经理为了自身荣誉和利益，会努力工作达到企业的目标。

五、优化路径之五：加强公司治理与管理方面的整合

在治理与管理的关系上，上市公司明显表现出管理强、治理弱的特点。大多数公司管理代替治理几乎包揽了企业活动的全部，只是为了形式合法而履行一下程序。由于治理的缺失，企业在发展方向上表现出随意性，企业多元化盲目投资情况突出；在管理人员的任用上表现出裙带性，政治在企业管理人员的任用上起着很大的作用。由于治理与管理没有有效地整合，企业在决策、控制、信息沟通等方面存在着明显的缺陷。

公司治理与管理方面的整合，首先，表现在战略管理方面。企业的战略管理过程是在治理与管理共同参与下完成的。在战略方案的拟订上，应体现公司管理层的主导作用，因为相对于董事而言，公司管理层对于企业的信息了解得更充分，在企业经营方面更专业。在战略方案的提出阶段，董事会也应积极地参与，董事应根据自己的经验与所掌握的信息积极提供有用的备选方案以供选择。在战略审批阶段，董事会要承担起全部职责。董事会要尽可能多地收集有关企业的信息以作为评价方案的依据。另外，董事会还要保证其独立性，避免通过有利于管理层机会主义行为的方案。战略的实施由管理层负责。对战略实施的控制应由管理层与董事会共同负责。在战略管理方面，董事会除了发挥上述作用外，还应加强自己的服务功能，外部董事应通过自己专家的优势及自己能利用的外部资源为战略管理过程服务。

其次，在人力资源管理方面，董事会应对管理人员的选拔、考核、激励发挥更大的作用。董事会应制定有效的管理人员选拔标准，对选拔过程应充分酝酿以确保选人的正确性。在激励方面，董事会对董事与管理人员的绩效考核要制定科学的标准，在这个标准之上安排合理的薪酬制度，人员激励应满足参与约束与激励相容约束。此外，应制定对不称职人员的免除条件和程序，并能及时实施。

最后，在组织方面，董事会也应积极地有所作为。在战略方案进入实施阶段后，董事会应观察企业的组织情况。在组织结构因战略改变有必要进行调整时，若发现管理层还没有调整组织结构或调整不合理，董事会应及时提醒管理层并提出必要的建议，以使战略落到实处。如果发现公司治理影响组织适应环境的改变时，公司治理主体应积极地调整治理因素，以使其适应组织的发展。

公司治理应积极推动企业的创新。公司治理应从风险和收益的对称性方面保证管理人员愿意并敢于去创新。公司治理在这方面能起的作用包括：培养长期关注企业利益的大股东，在管理层绩效考核与薪酬制度方面鼓励创新，董事会能对企业的创新活动进行公正的评价。

针对目前的实际，在企业内应积极培育服务全体股东的文化。在我国上市公司，内部人控制现象严重，这包括事实上的控制与法律上的控制。前者是指不具有股权的管理者掌握了公司的控制权，后者是通过股权获得的控制权。事实上的控制是由于缺乏股东监督造成的，法律上的控制是由控股股东造成的。两种内部人控制可能对股东利益造成损害。① 公司治理应通过自己的影响在企业的管理中树立服务于全体股东的文化，这样才能树立正确的管理导向，进

---

① 事实上的内部人控制对全体股东利益造成损害，法律上的内部人控制对部分股东利益造成损害。

而有利于企业绩效的提高。

在控制方面，应加强公司治理的监控机制与企业的内部控制的整合。董事会、监事会与企业内部财务控制系统与非财务控制系统应充分地对接，在此基础上信息可以在这些系统内部合理地流动，任何不利于企业绩效的情况尽可能反映出来，公司治理与管理能对这些情况做出有效的反映。

结　　论

公司治理的最终效果都会体现在公司绩效上。公司绩效的提高可以为公司各参与方利益的实现提供基础。公司治理对公司绩效的影响具有隐蔽性，因为这种影响不是直接的，而是间接的，这给人们对两者关系的认识带来了困难。公司治理与公司绩效的相关研究是公司治理研究领域的一个前沿问题，国内外现有的研究有诸多不足。本书以公司治理有效性为视角对公司治理与公司绩效的关系进行了研究，通过研究得到如下结论：

（1）公司治理不会直接创造绩效，它需通过管理作用于公司绩效。公司治理对管理的影响是根本性的，公司管理以治理为基础，通过对资源的利用创造绩效。在公司的实际运营中，公司治理与管理同时并存且相互交织、相互作用，共同为企业的存续和发展发挥着不可或缺的作用。公司治理对公司管理的影响路径表现在战略决策、高层管理人员、管理创新、企业文化、组织设计与变革及管理控制等方面。公司管理也通过管理信息系统、企业组织变革反作用于治理。公司治理与管理需要系统地整合，整合的关键之处在于两者的主体达到目标上的统一、时间上的协调、信息方面的共享。

（2）公司治理的有效性决定了公司绩效的稳定性和成长性。在分析公司治理对公司绩效传导机制的基础上，笔者认为应从公司治理与管理的关系的视角对公司治理有效性作扩展性界定，重新界定后的公司治理有效性是指，公司治理在实现公司的目标方面是有效的，公司治理的内部构成是有效的，公司治理对管理的传导是有效的。公司治理应具用一些普遍性的标准，这些标准应包括剩余索取权与控制权对应的程度、公司治理与管理的整合程度等方面。公司治理有效性还涉及实现问题，对公司治理各构成因素有效性的实现问题应具体分析。公司治理有效性应具有完整的指标评价体系，指标体系应综合股权结构、资本结构、股东大会、董事会、监事会、经理层等各方面的因素来构建。

在对公司治理有效性进行一定的理论分析之后，对我国上市公司治理有效性与公司绩效关系进行实证检验的目的是对我国上市公司治理的有效性做出客观的评价，以此为我国公司治理改革提供借鉴。通过对我国上市公司治理的有效性与公司绩效的关系的实证分析，笔者认为，公司治理有效性的影响因素在对我国上市公司绩效的影响方面具有某种特殊性，这些特殊性是与我国的国情分不开的，如我国特殊的股权结构及相关法律不健全等方面都会影响公司治理因素作用的发挥。

探讨公司治理有效性的目的，就是要以公司治理有效性的理论来指导实践，以此来提高公司绩效，推动企业持续发展。为了提高我国上市公司治理的有效性，本书主要从以下五个方面探讨了我国上市公司治理的优化问题：第一，调整公司资本结构、改善债权治理。这方面的任务可以通过调整上市公司资本结构中的债务比重、拓宽融资渠道、强化债权人相机性控制等工作来完成。第二，改善公司的股权结构。这方面的任务需要采取减持国有股的比例、建立多个大股东相互制衡的适度集中型的股权结构等措施来完成。第三，强化董事会治理。强化董事会治理需要通过合理确定董事会的规模和结构、实现董事长与总经理的适当分离等措施来配合。第四，加强对经理人的激励约束。应通过制定合理的经理绩效评价体系与制定一套行之有效的经理报酬方案两个方面来做好对经理人的激励。第五，加强公司治理与管理方面的整合。公司治理与管理方面的整合重点应放在战略管理、企业组织及控制等方面。

　　本书的研究有许多局限，这需要后续的研究来完善。本书的后续研究工作，应在以下两个方面得到加强：第一，在公司治理对公司管理的影响方面，应深化公司治理对公司管理具体组成部分影响的研究。公司治理对战略管理、企业的组织结构与管理控制等方面影响的研究都有待进一步深化。第二，在公司治理有效性的分析方面，应结合我国的实际情况，提出更好的指标来反映公司治理方面的特点。

　　本书进行的实证研究的数据来源于上市公司年报，这限制了数据的采集与指标的选取。后续的相关研究，应既要从企业公开的信息中寻找数据，也要到企业通过实际调查获得数据，这样进行的研究才更加全面和有效。

参 考 文 献

（一）中文参考文献

1. 马克思，恩格斯．马克思恩格斯选集．北京：人民出版社，1975

2. 马克思．资本论1~3卷．北京：人民出版社，1998

3. 林毅夫，蔡昉，李周．充分信息与国有企业改革．上海：上海三联书店、上海人民出版社，1997

4. 谢军．公司内部治理机制的透视．北京：人民出版社，2006

5. 李维安，武立东．公司治理教程．上海：上海人民出版社，2002

6. 熊道伟．现代企业控制权研究．成都：西南财经大学出版社，2004

7. ［美］科斯等．制度、契约与组织．北京：经济科学出版社，2003

8. ［美］科斯等．财产权利与制度变迁．上海：上海人民出版社、上海三联书店，1994

9. 卢昌崇．企业治理结构．大连：东北财经大学出版社，1999

10. ［美］道格拉斯·C·诺斯．制度、制度变迁与经济绩效．上海三联书店，1994

11. ［美］道格拉斯·C·诺斯．经济史中的结构与变迁．上海：上海人民出版社、上海三联书店，1994

12. 陈赤平．公司治理的契约分析．北京：中国经济出版社，

2006

13. 于东智. 公司治理. 北京：中国人民大学出版社，2005

14. 布莱尔. 所有权与控制：面向 21 世纪的公司治理探索. 北京：中国社会科学出版社，1999

15. 王峻岩. 我国公司治理结构的主要问题和改进意见. 载中国（海南）改革发展研究院编. 中国公司治理结构. 外文出版社，1999

16. 青木昌彦，钱颖一主编. 转轨经济中的公司治理结构：内部人控制和银行的作用. 北京：中国经济出版社，1995

17. 小艾尔弗雷德·D·钱德勒. 看得见的手——美国企业的管理变革. 北京：商务印书馆，2001

18. ［美］丹尼尔·F·史普博. 管制与市场. 上海：上海三联书店，上海人民出版社，1999

19. 张维迎. 博弈论与信息经济学. 上海：上海三联书店，上海人民出版社，1996

20. 汤欣. 公司治理与上市公司收购. 北京：中国人民大学出版社，2001

21. 吕炜. 转轨的实践模式与理论范式. 北京：经济科学出版社，2006

22. 张维迎. 企业的企业家——契约理论. 上海：上海三联书店，上海人民出版社，1994

23. 杨浩. 现代企业理论与运行. 上海：上海财经大学出版社，2004

24. 李维安主编. 公司治理理论与实务前沿. 北京：中国财政经济出版社，2003

25. 谢识予. 经济博弈论. 上海：复旦大学出版社，2002

26. 张克难. 产权、治理结构与企业效率——国有企业低效率探源. 上海：复旦大学出版社，2002

27. 郭金林. 企业产权契约与公司治理结构——演进与创新. 北京：经济管理出版社，2002

28. 吴敬琏. 大中型企业改革：建立现代企业制度. 天津：天津人民出版社，1993

29. 吴敬琏. 现代公司与企业改革. 天津：天津人民出版社，1994

30. 盛洪主编. 现代制度经济学. 北京：北京大学出版社，2003

31. ［美］肯尼思·A·金，约翰·R·诺夫辛格. 公司治理. 北京：中国人民大学出版社，2004

32. 李亚静. 公司治理与价值创造. 成都：西南交通大学出版社，2004

33. 青木昌彦. 比较制度分析. 上海：上海远东出版社，2004

34. 胡鞍钢，胡光宇编. 公司治理中外比较. 北京：新华出版社，2004

35. 徐向艺等著. 公司治理制度安排与组织设计. 北京：经济科学出版社，2006

36. 周三多主编. 管理学. 北京：高等教育出版社，2005

37. 严武. 公司股权结构与治理机制. 北京：经济管理出版社，2004

38. ［美］保罗·W. 麦卡沃伊，艾拉·M. 米尔斯坦. 公司治理的循环性危机. 北京：北京大学出版社，2006

39. 鲁桐主编. 公司治理改革：国际经验与中国实践. 北京：中国发展出版社，2004

40. 夏冬. 企业治理与企业创新. 北京：经济管理出版社，2005

41. 张五常. 经济解释. 北京：商务印书馆，2002

42. 盛昭瀚，蒋德鹏. 演化经济学. 上海：上海三联书店，

2002

43. 沈艺峰. 资本结构理论史. 北京：经济科学出版社，1999

44. 田志龙. 经营者监督与激励. 北京：中国发展出版社，1999

45. [英] 柯林·梅耶. 市场经济和过渡经济的企业督导机制. 载谭安杰主编. 改革中的企业督导机制. 北京：中国经济出版社，1997

46. 中共中央关于完善社会主义市场经济体制若干问题的决定. 北京：人民出版社，2003

47. 威廉姆森. 资本主义经济制度. 北京：商务印书馆，2002

48. 孙永祥，黄祖辉. 上市公司的股权结构与绩效. 经济研究. 1999（12）

49. 孙永祥. 所有权、融资结构与公司治理机制. 经济研究. 2001（1）

50. 于东智. 资本结构、债权治理与公司绩效：一项经验分析. 中国工业经济. 2003（1）

51. 施东晖. 股权结构、公司治理与绩效表现. 世界经济. 2000（12）

52. 朱清海. 企业资本结构理论述评. 华中农业大学学报（社会科学版）. 2002（2）

53. 陈小悦，徐晓东. 股权结构、企业绩效与投资者利益保护. 经济研究. 2001（11）

54. 堪新民，刘善敏. 上市公司经营者报酬结构性差异的实证研究. 经济研究. 2003（8）

55. 郭鹏飞，孙培源. 资本结构的行业特征：基于中国上市公司的实证研究. 经济研究. 2003（5）

56. 何浚. 上市公司治理结构的实证分析. 经济研究. 1998（5）

57. 柳丽华，李鑫．公司治理与公司管理关系研究．经济论坛．2005（5）

58. 于东智，池国华．董事会规模、稳定性与公司绩效：理论与经验分析．经济研究．2004（4）

59. 孙永祥，章融：董事会规模、公司治理与绩效．企业经济．2000（10）

60. 沈艺峰，张俊生．ST公司董事会治理失败若干成因分析．证券市场导报．2002（3）

61. 郑文坚．上市公司董事会规模、独立性与公司绩效关系的实证分析．引进与咨询．2004（8）

62. 于东智．董事会、公司治理与绩效——对中国上市公司的经验分析．中国社会科学．2003（3）

63. 王跃堂，赵子夜，魏晓雁．董事会的独立性是否影响公司绩效．经济研究．2006（5）

64. 美国投资者责任研究中心．1997年董事会实务：标准普尔1500家超大型企业的实践．载梁能主编．公司治理结构：中国的实践与美国的经验．北京：中国人民大学出版社，2000

65. 高明华，马守莉．独立董事制度与公司绩效关系的实证分析——兼论中国独立董事有效行权的制度环境．南开经济研究．2002（2）

66. 曾德明，龚红，刘曼琴．董事会结构对公司绩效产生影响的机理分析．湖南大学学报（社会科学版）．2003（7）

67. 吕兆友．董事会构成和公司绩效的实证分析．理论学刊．2004（9）

68. 胡勤勤，沈艺峰．独立外部董事能否提高上市公司的经营业绩．世界经济．2002（7）

69. 吴淑琨，柏杰，席酉民．董事长与总经理两职的分离与合一——中国上市公司实证分析．经济研究．1998（8）

70. 邝金添. 公司治理下的经理激励问题初步探讨. 中山大学学报论丛. 2004（5）

71. 李有根, 赵西萍. 上市公司的董事会构成和公司绩效研究. 中国工业经济. 2001（5）

72. 李常青, 赖建清. 董事会特征音像公司绩效吗？金融研究. 2004（5）

73. 魏刚. 高级管理层激励与上市公司经营绩效. 经济研究. 2000（3）

74. 林义相. 证券市场的第三次制度创新与国有企业改革. 经济研究. 1999（10）

75. 李新春, 苏琦, 董文卓.《公司治理与企业家精神》. 经济研究. 2006（2）

76. 赵雪芹, 涂平安, 汤劲松. 中国上市公司股权结构与公司业绩关系的实证研究. 世界经济情况. 2002（7）

77. 周兆生. 中国上市公司总经理激励的实证研究. 改革. 2003（3）

78. 杨贺, 柯大钢, 马春爱. 经理层持股与上市公司经营绩效相互作用机制研究. 河北大学学报（哲学社会科学版）. 2005（1）

79. 荆爱民, 徐炜. 现代管理科学. 2003（8）

80. 魏刚. 高级管理层激励与上市公司经营绩效. 经济研究. 2000（3）

81. 王跃堂, 赵子夜, 魏晓雁. 董事会的独立性是否影响公司绩效. 经济研究. 2006（5）

82. 谢永珍. 基于治理成本与治理收益的董事会规模研究. 南开学报. 2006（4）

83. 李维安, 武立东. 企业集团的公司治理——规模起点、治理边界及子公司治理. 南开管理评论. 1999（4）

84. 费方域. 什么是公司治理. 上海经济研究. 1996（5）

85. 吴淑琨. 公司治理和公司管理的系统化思考. 南京大学学报（哲学·人文科学·社会科学）. 2001（3）

86. 荣兆梓. 现代企业制度与公司制之我见. 学术界. 1995（4）

87. 李鹏. 现代公司治理理论评述. 科技管理研究. 2005（5）

88. 邓洛普. 欧美公司治理理论新探. 载胡鞍钢，胡光宇编. 公司治理中外比较. 北京：新华出版社，2004.

89. 刘三林，孟凡平. 技术创新和制度与管理创新的一体化. 研究与发展. 2000（10）

90. 许学军，周尚志. 资本结构、代理人行为与上市公司绩效. 山西财经大学学报. 2002（4）

91. 佘志宏，段红涛. 资本结构、契约理论与上市公司治理. 经济评论. 2003（3）

92. 杨瑞龙，聂辉华. 不完全契约理论：一个综述. 经济研究. 2006（2）

93. 杨其静. 合同与企业理论前沿综述. 经济研究. 2002（1）

94. 张建民. 后股权分置时代中国股市与上市公司治理的问题与对策——对股权分置改革实践的反思. 经济学动态. 2006（6）

95. 朱玲. 文献研究的途径. 经济研究. 2006（2）

96. 李法兵. 论公司治理的理论基础. 湖南社会科学. 2005（4）

97. 张维迎. 所有制，治理结构及委托—代理关系：兼评崔之元和周其仁的一些观点. 经济研究. 1996（9）

98. 宋冬林，徐怀礼. 治理效率：一个深化公司治理的新视角. 当代经济研究. 2002（12）

99. 苏武康. 上市公司股权属性与公司绩效实证研究. 开放导报. 2003（5）

100. 张晖明，陈志广. 高级管理人员激励与企业绩效. 世界经

济文汇 . 2002（4）

101. 赵涛，郑祖玄 . 信息不对称与机构操纵——中国股市机构与散户的博弈分析 . 经济研究 . 2002（7）

102. 江洁，冯岚 . 企业高层经理激励约束机制改革刍议 . 财金贸易 . 2000（8）

103. 宝连，汪睿林 . 论我国上市公司董事会治理现状及强化对策 . 内蒙古大学学报（人文社会科学版）. 2004（3）

104. 吴燕 . 我国上市公司信息披露的现状与规范对策 . 沈阳农业大学学报（社会科学版）. 2004（2）

105. 郑红亮，王凤彬 . 中国公司治理改革研究：一个理论综述 . 管理世界 . 2000（3）

106. 严若森 . 公司治理成本的构成与公司治理效率的最优化研究 . 会计研究 . 2005（2）

107. 陆正飞，辛宇 . 上市公司资本结构主要影响因素之实证研究 . 会计研究 . 1998（8）

108. 洪锡熙，沈艺峰 . 我国上市公司资本结构影响因素的实证分析 . 厦门大学学报（哲学社会科学版）. 2000（3）

109. 许小年，王燕 . 中国上市公司的所有制结构与公司治理 . 载梁能主编 . 公司治理结构：中国的实践与美国的经验 . 北京：中国人民大学出版社，2000

110. 栾珊，樊艳春，孟维超 . 上市公司股权结构与公司治理绩效的实证研究 . 科技与管理 . 2004（5）

111. 徐二明，王智慧 . 我国上市公司治理结构与战略绩效的相关性研究 . 南开管理评论 . 2000（4）

112. 喻猛国 . 国外独立董事制度探讨 . 北京工商大学学报（社会科学版）. 2001（5）

113. 谭利，陈琪华 . 股权分置改革下股权结构与公司绩效的实证研究 . 中国管理信息化，2009（4）

114. 吉村典久. 日本公司治理改革动向. 产业经济评论，2008，（12）

115. 佐藤孝弘. 日本公司治理变迁的背景. 日本研究，2011，（2）：51－54.

116. 石莹，赵建明. 企业管理、公司治理与治理公司的概念界定及其联系：制度经济学视角. 理论学刊，2009（1）

（二）英文参考文献

1. Modigliani, F. and M. H. Miller, "The Cost of Capital, Corporate Finance, and the Theory of Investment", American Economic Review 48, 1958, pp. 261 – 297

2. Miller. M. H. , "Debt and Taxes", Journal of Finance 32, 1977, pp. 261 – 275

3. Myers, S. C. , and N. S. Majluf, "Corporate Finance and Investment Decision When Firms Have Information That Investor Do Not Have," Journal of Financial Economics, 13, 1984, pp. 187 – 221

4. Jensen, M. C, and W. Meckling, "Theory of the Firm: Managerial Behavior, Agency Costs, and Capital Structure," Journal of Financial Economics 3, 1976, pp. 305 – 360

5. Demsetz, H. , "he Structure of Ownership and The Theory of The Firm", Journal of Law and Economics 26, 1983, pp. 305 – 360

6. Diamond, D, "Reputation Acquisition in Debt Markets", Journal of Political Economy, 97, 1989, pp. 828 – 862

7. Denis, D. and A. Sarin, "Ownership and board Structure in Publicly Traded Corporations", Journal of Financial Economics 52, 1999, pp. 187 – 223

8. Rajan G. Raghuran, Luigi Zingales, "What Do We Know about Capital Structure? Some Evidence from International data", Jaurnal of Finance, 50, 1995, pp. 1421 – 1460

9. Pfeffer, J. , "Size and Composition of Corporate Boards of Directors: the Organization and its Environment", Administrative Science Quarterly 17, 1972

10. Ocasio, "Political Dynamics and Circulation of Power: CEO Succession in U. S. Industrial Corporations, 1960 – 1990", Administrative Science Quarterly 39, 1994, pp. 291

11. Lipton, M. and J. Lorsch, "A Model of Proposal for Improving Corporate", Governance Business, Lawyer 59, 1992, pp. 59 – 57

12. Alexander, J. A. , "Leadership instability in hospitals: the ufluence of board – CEO relations and organizational growth and decline", Administrative Science Quarterly 38, 1993, pp. 74 – 99

13. Yermack, "Higher Market Valuation of Companies with a Small Board of Directors", Journal of Financial Economics 40, 1996, pp. 185 – 211

14. Eisenberg, T. , S. Sundgren, and M. Wells, "Larger Board Size and Decreasing Firm Value in Small Firms", Journal of Financial Economics 48, 1998, pp. 35 – 54

15. Avid Yermack, "Highjer market valuation of companies with a small board of directions", Journal of Financial Economics, 40, 1996

16. Lex Donaldson and James H. Davis, " Stewardship Theory or A gency Theory: CEO Governance and Shareho lder Returns", Australian Journal of Management, 1, 1991, pp. 49 – 65

17. Garren, J. , "Executive compensation and principal_agent theory", Journal of Political Economy, 102, 1994, pp. 1175 – 1199

18. M. Jensen and K. Murphy, "Performance pay and top-management incentives", Journal of Political Economy 98, 1990, pp. 225 – 264

19. Morck, Shleifer and Vishny, "Management Ownership and

Market Valuation: an Empirical Analysis", Journal of Financial Economics, 20, 1988, pp. 293 - 316

20. Martimort, David, Philippe De Donder and Etienne Billette de Villemeur: "An Incomplete Contract Perspective on Public Good Provision", Journal of Economic Surveys, 19, 2005, pp. 149 - 180

21. Williamson, O. , "Markets and Hierarchies: Analysis and Antitrust Implications", New York: Free Press, 1975

22. Berle, A. and Means, G. . "the Modern Corporation and Private Property", New York, Macmillom, 1932

23. Grossman, S. J. and Har, O. D, 1982, Corporate Financial Structure and Managerial Incentives, in J. McCall (ed.): The Economics of Information and Uncertainty, Chicago: University of Chicago pres, USA

24. Harris, M. and Raviv, A. , "Corporate Control Contests and Capital Structure", Journal of Financial Economics, 20, 1988, pp. 55 - 86

25. Israel, R. "Capital Structure and the Market for Corporate Control: The Defensive Role of Debt Financial", Journal of Finance, 46, 1991, pp. 1391 - 1409

26. Shleifer, A. & Vishny, R. , "Large Shareholders and Corporate Control", Journal of Political Economy, 94, 1986, pp. 461 - 488

27. La Porta, R. , F. Lopez - De - Silanes, A. Shleifer, "Corporate Ownership Around the World 1", Journal of Finance, 54, 1999, pp. 417 - 518

28. Pi, L. , Timme, S. G. , "Corporate Control and bank Efficiency", Journal of Banking and Finance, 17, 1993, pp. 515 - 530

29. Demsetz, H. Lehn K. , "The Structure of Corporate Ownership: Causes and Consequences", Journal of Political Economy, 93,

1985, pp. 1155 - 1177

30. Thonmsen, Steen and Torben Pedersen, "Ownership Structure and Economic Performance in the largest European Companies", Strategic Management Journal, 21, 2000

31. Frank M. Z. and Goyal, V. K. , "Capital Structure Decisions", Working paper, University of British Columbia, 2003

32. Changanti, R. S. , Mahajan V. and Sharma S. , "Corporate Board Size, Composition, and Corporate Failures in the Retailing Industry", Journal of Management Studies, 22, 1985, pp. 400 - 417

33. Agrawal, Anup and Knoeber, Charles R. , "Firm Performance and Mechanisms to Control Agency Problems Between Managers and Shereholders", Journal of Finance and Quantitative Analysis, 31, 1996, pp. 377 - 397.

34. Tricker, 1994 Tricker, R. , "International corporate governance", Prentice Hall, 1994

35. Leland, Hayne E. , and Pyle, David H. , "Informational Asymmetries, Financial Structure, and Financial Intermediation", The Journal of Finance, 32, 1977, pp. 371 - 388

36. Weisbach, M. , Outside Directors and CEO Turnover, Journal of Financial Economics, 20, 1988, pp. 431 - 460

37. Recher, P. and Dalton, D. , "CEO Duality and Organizational Performance: A Longitudinal Analysis", Strategic Management Journal, 12, 1991

38. Hermalin and Weisbach, "Endogenously Chosen Boards of Directors and their amaonitoring of the CEO", American Econcmic Review, 88, 1998, pp. 96 - 118

39. Chaganti, R. S. , Mahajian and S. Sharma, "Corporate Borad Size, Composition and Corporate Failures in Retailing Industry, Journal

of Management Studies, 22, 1985, pp. 400 – 417

40. Holmstrom, B, "Moral Hazard and Observability", Bell Journal of Economics, 10, 1979

41. R. I. Tricker, "Corporate Governance", Gower Publishing Company Limited, 1984

42. Lins K V. Equity Ownership and Firm Value in Emerging Markets [J]. Journal of Financial and Quantitative Analysis, 2003 (38): 159 – 184.

43. A Banaga, G Ray & C Tomkins, "A Conceptual Framework for Corporate Governance and Effective Management", Corporate Governance, 7, 1995

44. Guay, W. R., "The Sensitivity of CEO Wealth to Equity Risk: An Analysis of Magnitude and Determinants", Journal of Financial Economics, 53, 1999, pp. 43 – 71

45. Ross, Stephen A, "The Determination of Financial Structure: The Incentive Signaling Approach", The Bell Journal of Economics, 8, 1977, pp. 23 – 40

46. Daily, C. M. and Dalton D. R., "Board of Directors Leadship and structure: control and Performance Implications", Entrepreneurship Theory and Practice, 17, 1993, pp. 65 – 81